VEG

Tradução
LÍGIA AZEVEDO

JOHN HAMILTON
1963–2019

Pouco depois da última sessão de fotos para este livro, John, nosso diretor de arte durante vários anos e um amigo muito querido, faleceu de maneira inesperada. Ele me ensinou bastante sobre edição de livros, ficou ao meu lado em todas as sessões de fotos e acompanhou e provou cada prato de cada livro nos últimos 21 anos. John, que nasceu em Glasgow, era um gigante do mundo do design e um homem muito gentil. Sempre foi generoso em dar oportunidades a designers, fotógrafos, artistas e ilustradores, e tinha uma paixão sem precedentes pela arte e por reimaginar livros de todos os tipos de maneiras extraordinárias.

Eu, minha equipe e toda a minha família na Penguin Random House agradecemos a você, John, por tudo o que nos deu. Estamos de coração partido, mas você sempre será uma inspiração. Como você mesmo diria: o amor é um só.

Todo o meu carinho à esposa de John, Claire, e aos filhos maravilhosos dos dois, Sadie e Angus.

SUMÁRIO

INTRODUÇÃO 7

CURRIES E ENSOPADOS 13

TORTAS, PANQUECAS E AFINS 37

SOPAS E SANDUÍCHES 65

RECEITAS DE FORNO 93

ARROZ E NOODLES 111

MASSAS 129

SALADAS 153

HAMBÚRGUERES E BOLINHOS 177

MARAVILHAS DE UMA PANELA SÓ 193

BRUNCH 211

SEXTOU 237

DICAS 267

NUTRIÇÃO 285

ÍNDICE REMISSIVO 298

O PODER DOS VEGETAIS!

Se você escolheu este livro e está lendo estas palavras, tenho certeza de que é porque anda se perguntando sobre o que você come. Todos sabemos que precisamos consumir mais vegetais e que eles trazem benefícios extraordinários à nossa saúde. Mas, com a vida apressada que levamos, em que carne é tão conveniente, por ser encontrada a cada esquina, a pergunta é: pratos vegetarianos atingem mesmo as expectativas? Podem ser saborosos de verdade e fazer com que você se sinta satisfeito e feliz? Na minha opinião, a resposta é um gigantesco sim! Então, com isso em mente, bem-vindos ao maravilhoso mundo de comidas deliciosas que por acaso não têm carne.

Este é um excelente livro de receitas à base de vegetais, escrito por mim — um amante de carne que não abre mão do sabor. Humanos são criaturas de hábito, e a mudança, mesmo quando positiva, é sempre desafiadora. A maior parte das pessoas compra as mesmas comidas toda semana — conhece alguém assim? Por isso, abraçar este livro tal qual ele é, desarmando-se e abrindo sua mente para coisas novas, e celebrar a enorme variedade de legumes, verduras, frutas, ervas, temperos, leguminosas, oleaginosas e sementes, só pode ser uma coisa boa. Hoje, é possível encontrar ótimos produtos em supermercados comuns (imagine só em hortifrútis e afins), e se você fizer boas compras e aproveitar os vegetais da estação vai economizar, então não tem desculpa… muito menos com este livro em mãos! Espero que este seja um empurrão para que você mude de vida.

TODOS SÃO BEM-VINDOS

Nas páginas a seguir, quero mostrar a você quão saborosas as refeições à base de vegetais podem ser quando damos a elas o respeito e a consideração que merecem. Também quero acabar com quaisquer preconceitos relacionados a escolhas alimentares. Este livro não é apenas para vegetarianos: todos são bem-vindos — em especial o clássico comedor de carne que não consegue sair da rotina, mas sabe que poderia (e deveria) incluir mais vegetais na alimentação. Desenvolvi estas receitas para deixar as pessoas satisfeitas e felizes sem sentir falta de um bife. Quer você pretenda ficar um ou dois dias sem carne na semana, ter um estilo de vida vegetariano ou só experimentar novas combinações de sabores, acredito que este livro preenche os requisitos e vai ajudá-lo a gostar de coisas que talvez você nunca tenha provado.

Um comentário rápido para os amigos vegetarianos: vocês verão que menciono molho inglês, pesto e parmesão (ver p. 268 para mais informações), entre outros, nas listas de ingredientes das receitas. Por sorte, vivemos em uma época em que se pode encontrar versões vegetarianas muito boas, então não se preocupe e faça como funcionar para você.

Comecei a escrever este livro há oito anos — é um projeto pelo qual tenho muito carinho —, mas agora chegou a hora de lançá-lo, em conjunto com um novo programa de TV. Viajei meio mundo para observar, ouvir e aprender com alguns dos melhores cozinheiros de comida vegetariana que existem e descobrir como de fato enriquecer o sabor e oferecer a você os pratos mais deliciosos. Poder enfim publicar este livro não é apenas uma grande honra e um momento importante para mim, mas um sinal de que a comida à base de vegetais está voltando a ser tendência. Talvez você ache que optar por uma alimentação com mais vegetais e menos carne é moderno, progressista, a última moda, mas garanto: trata-se de olhar para trás, para nossos avós e bisavós, que — como padrão — comiam assim. Sem dúvida, essa era a norma. Eles sabiam o que estavam fazendo, e deveríamos seguir seu exemplo.

As receitas apresentam uma ampla variedade de pratos que adoro comer em casa, com minha esposa e meus filhos, e se igualam em termos de sabor àquelas presentes nos meus outros livros de receitas. Esses pratos fazem com que eu me sinta energizado, reconfortado, pleno e satisfeito. Não estou dizendo que você deve comer qualquer um deles porque é saudável (ainda que 70% sejam — veja as pp. 286-93 para mais informações nutricionais); quero que os coma porque tem vontade e porque são todos apetitosos. Pessoalmente, o que mais adoro neste livro é a oportunidade de oferecer uma fonte confiável e segura à qual você poderá sempre recorrer para fazer refeições fáceis e deliciosas à base de vegetais, pensadas com amor, carinho e atenção.

Há bastante inspiração para o almoço e o jantar, com massas, sopas e sanduíches fáceis, boas ideias para levar ao forno e maravilhas feitas em uma panela só, assim como curries, ensopados, tortas, assados e hambúrgueres saborosos que vão surpreender você. E não é só isso: também há várias receitas para o brunch e para os petiscos do fim de semana. Minha intenção aqui é fornecer um repertório com diversas refeições modernas, levando em conta que você deve ser uma pessoa muito ocupada e precisa lidar com mil outras coisas ao mesmo tempo.

Com isso em mente, o visual e o texto são simples, claros e diretos, e fiz o meu melhor para que você adquira confiança, em vez de encher estas páginas com longas listas ou explicações. Sem obstáculos, só opções muito saborosas, fáceis e acessíveis, do ponto de vista técnico e financeiro, que têm como base vegetais. Cada receita traz informações nutricionais básicas, para que você possa fazer escolhas rápidas e bem informadas. Além disso, há algumas dicas sobre como gosto de servir os pratos, assim como maneiras de modificar as receitas para abarcar vegetais variados.

SEM OBSTÁCULOS, SÓ RECEITAS MUITO SABOROSAS, FÁCEIS E ACESSÍVEIS, DO PONTO DE VISTA TÉCNICO E FINANCEIRO

Tenho que dizer que rotular preferências alimentares me assusta bastante — já existem coisas demais na vida que nos dividem, e sinto que a comida não devia ser uma delas. Mas é. Para mim, se é bom, é bom. Cada pessoa está em um estágio diferente de sua própria jornada gastronômica. E tudo bem! Na casa dos Oliver, tentamos fazer refeições à base de vegetais pelo menos três vezes por semana, e é fácil ver os benefícios para a nossa saúde, assim como para o planeta. Comer menos carne (e de melhor qualidade) e mais vegetais é algo que sempre fiz: se olhar os índices dos meus livros de receitas, vai ver que o símbolo V, de vegetariano, aparece inúmeras vezes. Mesmo assim, sempre me pediram que fizesse um livro de receitas 100% vegetarianas (e levei algumas broncas pela demora). Então aqui está! Espero que gostem tanto deste livro quanto eu gostei de fazê-lo.

CURRIES E ENSOPADOS

COUVE-FLOR EMPANADA CROCANTE

MOLHO CURRY LEVE E DELICADO, ARROZ SOLTINHO E PICLES DE PIMENTA E LIMÃO

SERVE 6 | 1 HORA E 15 MINUTOS

2 couves-flor (800 g cada)

3 pimentas dedo-de-moça

3 limões

150 g de farinha de trigo

3 ovos grandes

200 g de farinha de rosca

1 cebola

4 dentes de alho

1 pedaço de 5 cm de gengibre

1 cenoura

1 maço de coentro fresco (30 g)

azeite

1 colher (chá) de garam masala

1 colher (chá) de cúrcuma em pó

3 colheres (chá) de chutney de manga

450 g de arroz basmati

Preaqueça o forno a 180°C. Corte cada couve-flor na vertical em seis fatias de 2,5 cm de largura (use as sobras para fazer o picles simples da p. 252). Tempere as fatias de couve-flor com sal marinho e reserve (isso deve tirar um pouco da umidade natural). Corte as pimentas em fatias finas e coloque em uma tigela com uma pitada de sal. Faça raspas com a casca de 2 limões, depois esprema o sumo e reserve para fazer o picles.

Coloque 100 g de farinha de trigo em uma tigela, bata os ovos em outra e ponha a farinha de rosca numa terceira. Cubra as fatias de couve-flor com farinha de trigo, mergulhe nos ovos batidos e então cubra com farinha de rosca, pressionando-as. Disponha as fatias em uma assadeira e leve ao forno por 45 minutos, até ficarem douradas e crocantes.

Enquanto isso, descasque a cebola, o alho, o gengibre e a cenoura, depois pique bem os talos do coentro, reservando as folhas. Em uma frigideira grande, refogue os temperos com 1 colher (sopa) de azeite em fogo médio por 15 minutos, mexendo sempre. Adicione 50 g de farinha e o chutney de manga, seguidos de 1 litro de água fervente. Misture e deixe apurar por 15 minutos ou até a consistência de sua preferência, mexendo de vez em quando. Prove e tempere a gosto com sal e pimenta-do-reino moída na hora. Cozinhe o arroz de acordo com as instruções da embalagem e escorra em seguida. Sirva o arroz e o molho com a couve-flor crocante, o picles de pimenta, algumas fatias de limão e as folhas de coentro reservadas.

Para dar um toque retrô, sirva o arroz na forma de montinhos, como fiz aqui — não serve para nada, mas é divertido!

CALORIAS	GORDURA	GORDURA SATURADA	PROTEÍNA	CARBOIDRATOS	AÇÚCARES	SAL	FIBRAS
637	9,2 g	2 g	23,6 g	120 g	16 g	1,5 g	10,4 g

CHILLI VEGETARIANO
ARROZ NEGRO, MOLHINHO CROCANTE E IOGURTE APIMENTADO

SERVE 4 | 1 HORA E 30 MINUTOS

2 cebolas roxas

2 batatas-doces (250 g cada)

3 pimentões de cores variadas

4 tomates grandes e maduros

azeite

1 colher (chá) de cominho em grãos

1 colher (chá) de páprica defumada

4 dentes de alho

1 limão-siciliano

1 lata (400 g) de feijão-branco cozido

molho de pimenta

250 g de arroz negro

1 maço de hortelã fresca (30 g)

4 tortilhas pequenas de trigo

4 colheres (sopa) de iogurte natural

Preaqueça uma frigideira-grelha em fogo alto. Descasque as cebolas, lave com uma escovinha a casca das batatas-doces e tire as sementes dos pimentões. Corte um pedaço pequeno de cada e reserve com um tomate (para depois fazer o molhinho). Pique grosseiramente o restante dos vegetais em pedaços de 4 cm, corte os tomates restantes ao meio e vá grelhando tudo em levas.

Regue uma panela grande com 1 colher (sopa) de azeite em fogo médio-alto e adicione o cominho e a páprica. Descasque e pique grosseiramente o alho, acrescente as raspas do limão-siciliano e adicione os vegetais grelhados pouco a pouco, conforme forem ficando prontos, mexendo sempre. Inclua o feijão-branco (com o caldo) e 600 ml de água, depois adicione cerca de 1 colher (sopa) do molho de pimenta da sua preferência. Tempere com sal marinho e pimenta-do-reino e deixe ferver por 30 minutos ou até engrossar e reduzir. Enquanto isso, cozinhe o arroz em uma panela com água fervente e salgada, de acordo com as instruções da embalagem. Separe dois ramos de hortelã, pique as folhas em fatias finas e misture ao molho de vegetais, depois acrescente o sumo de limão-siciliano e tempere com sal e pimenta-do-reino a gosto.

Aqueça as tortilhas na frigideira e jogue uma boa dose de molho de pimenta no iogurte. Sirva o chilli com o arroz negro, o molho, o iogurte e as tortilhas, decorando com folhas de hortelã. Aproveite!

> Usar vegetais crus para fazer o molhinho ou o ensopado é muito prático e fica delicioso.

CALORIAS	GORDURA	GORDURA SATURADA	PROTEÍNA	CARBOIDRATOS	AÇÚCARES	SAL	FIBRAS
636	9,1 g	2,6 g	18,3 g	121,2 g	26,4 g	1,4 g	15,3 g

TIKKA MASALA DE COUVE-FLOR

PANEER, MARINADA DE IOGURTE COM ESPECIARIAS, MOLHO CREMOSO DE AÇAFRÃO E CASTANHA-DE-CAJU

SERVE 4 | 45 MINUTOS

60 g castanha-de-caju sem sal

1 pitada de açafrão em estigmas

1 colher (sopa) de chutney de manga

1 limão-siciliano

2 colheres (sopa) de iogurte natural

1 colher (chá) de páprica defumada

azeite

200 g de paneer (queijo indiano)

½ couve-flor (400 g)

1 pedaço de manteiga sem sal

1 canela em pau

3 cravos-da-índia

3 bagas de cardamomo

4 dentes de alho

1 cebola

1 pedaço de 5 cm de gengibre

2 colheres (sopa) de pasta de tomate seco

4 ramos de coentro fresco

Coloque a castanha-de-caju, o açafrão e o chutney de manga em uma jarra, acrescente 700 ml de água fervente e reserve. Preaqueça o forno em fogo alto. Raspe a casca do limão-siciliano e passe para uma tigela grande com o iogurte, a páprica, uma pitada de sal marinho e de pimenta-do-reino e 1 colher (sopa) de azeite, misturando bem. Pique o paneer em cubos de 2 cm e corte a couve-flor em floretes (mais ou menos do mesmo tamanho), depois acrescente à marinada. Passe tudo para uma fôrma grande e asse por 12 minutos ou até ficar dourado e com as bordas retorcidas.

Coloque a manteiga e 1 colher (chá) de azeite em uma panela grande em fogo baixo e adicione a canela e os cravos. Esmague as bagas de cardamomo, acrescentando apenas as sementes. Descasque o alho e corte em fatias finas, adicione ao refogado e deixe cozinhar por alguns minutos, mexendo de vez em quando. Descasque a cebola e o gengibre, pique grosseiramente, depois coloque no liquidificador com a pasta de tomate seco e um pouco de água fervente e então bata. Passe para a panela e cozinhe por 10 minutos, mexendo sempre.

Leve a mistura com castanha-de-caju ao liquidificador e bata até ficar bem lisa (talvez você precise fazer em etapas). Passe para a panela, deixe ferver e mantenha no fogo por 5 minutos, mexendo de vez em quando. Adicione o paneer e a couve-flor, tempere com sal e pimenta-do-reino a gosto, em seguida leve ao forno, na função grill. Tire quando estiver dourado e borbulhando e salpique as folhas de coentro.

Fica delicioso acompanhado de um arroz soltinho e algumas fatias de limão-siciliano, para espremer por cima.

> Troque o paneer por grão-de-bico e a couve-flor por abóbora para um resultado diferente, mas igualmente saboroso.

CALORIAS	GORDURA	GORDURA SATURADA	PROTEÍNA	CARBOIDRATOS	AÇÚCARES	SAL	FIBRAS
426	31,1 g	13 g	20,6 g	17,5 g	12,2 g	0,8 g	4,7 g

BERINJELA AO CURRY RECHEADA
MOLHO DE TAMARINDO E AMENDOIM COM COENTRO FRESCO

SERVE 6 | **1 HORA E 15 MINUTOS**

1 cebola

4 dentes de alho

1 pedaço de 4 cm de gengibre

½ maço de coentro fresco (15 g)

2 pimentas dedo-de-moça

1 colher (chá) de cada especiaria: cominho em grãos, sementes de mostarda, cúrcuma em pó, garam masala e feno-grego em grãos

1 punhado de folhas frescas de curry

óleo de amendoim

2 colheres (sopa) de pasta de amendoim crocante

1 colher (sopa) de chutney de manga

2 colheres (sopa) de pasta de tamarindo

800 g de miniberinjela

400 ml de leite de coco light

250 g de tomate-cereja maduro

Preaqueça o forno a 190°C. Descasque a cebola, o alho e o gengibre, depois coloque no processador de alimentos com os ramos de coentro e as pimentas (sem semente, se preferir) e bata até formar uma pastinha. Disponha as especiarias e as folhas de curry em uma assadeira de 25 × 35 cm em fogo baixo e acrescente 2 colheres (sopa) de óleo, mexendo sempre, até liberar os aromas. Incorpore a pastinha e cozinhe por 5 minutos ou até derreter, ainda sem parar de mexer. Adicione a pasta de amendoim, o chutney de manga e a pasta de tamarindo, tempere com uma boa pitada de sal marinho e pimenta-do-reino, em seguida passe para uma tigela. Se achar necessário afinar a pasta, acrescente um pouco de água.

Mantendo o talo intacto, corte as berinjelas em quatro no sentido do comprimento e pincele com uma camada generosa de pasta, depois disponha-as em uma assadeira (se for usar a berinjela comum, corte em rodelas de 1 centímetro de espessura, coloque metade em uma assadeira, passe a pasta por cima e então cubra com o restante). Leve a assadeira ao fogo médio por 5 minutos, virando na metade do tempo. Acrescente o leite de coco. Pique e jogue por cima os tomates-cereja, tempere bem com sal e pimenta-do-reino e espere ferver. Cubra com papel-alumínio e asse por 20 minutos, depois tire o papel-alumínio e deixe mais 20 minutos ou até engrossar e reduzir. Acerte o sal e a pimenta e jogue as folhas de coentro por cima.

Vai muito bem com arroz soltinho, pão folha, iogurte e mais pimenta fresca.

> Deixe pronto e reaqueça quando for comer, acrescentando um pouco de água, se necessário.

CALORIAS	GORDURA	GORDURA SATURADA	PROTEÍNA	CARBOIDRATOS	AÇÚCARES	SAL	FIBRAS
221	15,2 g	5,6 g	6,7 g	15,9 g	12,9 g	0,9 g	2,3 g

GUMBO CASEIRO
MUITOS VEGETAIS, MOLHO DEFUMADO E APIMENTADO E PICLES DE JALAPEÑO

SERVE 6 | **1 HORA E 10 MINUTOS**

1 cebola

3 dentes de alho

3 talos de aipo

3 pimentões de cores variadas

óleo de amendoim

3 colheres (sopa) de farinha de trigo

3 folhas frescas de louro

3 ramos de tomilho fresco

½ colher (chá) de pimenta-caiena

1 colher (chá) de páprica defumada

100 ml de vinho tinto

1 lata (400 g) de tomate-cereja pelado

1 lata (400g) de grão-de-bico cozido

200 g de ervilha congelada

2 pimentas jalapeño frescas

4 colheres (sopa) de vinagre de vinho tinto

200 g de quiabo

Descasque e pique fino a cebola, o alho e o aipo. Tire as sementes e pique grosseiramente os pimentões. Adicione 3 colheres (sopa) de óleo em uma panela grande em fogo médio e junte a farinha para fazer uma pasta (uma espécie de roux). Cozinhe até que fique marrom-escuro, mexendo sempre para não grudar ou queimar. Acrescente à pasta os vegetais picados, o louro e o tomilho, então cozinhe, mexendo sempre (tenha paciência), por 20 minutos ou até amolecer e adquirir um tom castanho-escuro.

Acrescente a pimenta-caiena, a páprica e o vinho, depois deixe reduzir até a metade antes de juntar os tomates. Adicione o grão-de-bico (com o líquido da conserva) e cubra com água, em seguida deixe ferver em fogo médio por 25 minutos ou até reduzir à consistência que preferir, acrescentando as ervilhas nos últimos 5 minutos. Tempere a gosto com sal e pimenta-do-reino. Enquanto cozinha, corte o jalapeño em tiras finas, coloque numa tigela e adicione o vinagre e uma pitada de sal, para fazer um picles rápido. Grelhe (sem óleo) o quiabo em uma frigideira antiaderente em fogo médio até ficar levemente chamuscado, depois corte ao meio e jogue sobre o gumbo.

Gosto de servir o gumbo e o picles com arroz soltinho e um punhado de salsinha fresca.

> Continue fazendo seu gumbo ao longo do ano, com abóboras de diversas variedades, cogumelos, milho ou abobrinha. Use a imaginação — é uma receita muito versátil.

CALORIAS	GORDURA	GORDURA SATURADA	PROTEÍNA	CARBOIDRATOS	AÇÚCARES	SAL	FIBRAS
250	8,7 g	1,7 g	9,3 g	32,3 g	11,3 g	0,6 g	7,4 g

CURRY DE TOMATE
ESPECIARIAS, MOLHO DE AÇAFRÃO E COCO E AMÊNDOAS TOSTADAS

SERVE 4 | 50 MINUTOS

1,2 kg de tomate maduro

1 pitada de açafrão em estigmas

20 g de amêndoas laminadas

4 dentes de alho

1 pedaço de 4 cm de gengibre

2 pimentas dedo-de-moça

azeite

1 punhado de folhas frescas de curry

1 colher (chá) de sementes de mostarda

1 colher (chá) de feno-grego em grãos

1 colher (chá) de cominho em grãos

1 cebola

400 ml de leite de coco light

2 colheres (chá) de chutney de manga

Com a ponta da faca, faça um corte em X na parte superior dos tomates e remova o miolo se for muito grande. Mergulhe-os com cuidado na água fervente por 45 segundos, depois escorra e tire a pele. Cubra o açafrão com 100 ml de água fervente e deixe em infusão. Toste as amêndoas em uma frigideira antiaderente grande em fogo médio, até dourar, em seguida passe para uma tigela pequena e devolva a frigideira ao fogo.

Descasque e pique bem o alho, o gengibre e as pimentas. Adicione à frigideira 1 colher (sopa) de azeite, depois as folhas de curry e os temperos. Descasque a cebola e corte em quatro, em seguida leve à frigideira com o alho, o gengibre e as pimentas para fritar por 3 minutos, mexendo sempre. Incorpore os tomates, o leite de coco e a água do açafrão, tampe e deixe ferver por 20 minutos, acrescentando o chutney de manga na metade do tempo. Prove o sal e a pimenta, ajustando se necessário, e espalhe as amêndoas por cima. Sirva com arroz soltinho.

> Este curry fica ainda mais saboroso quando os tomates estão bem maduros. Escolha os mais suculentos!

CALORIAS	GORDURA	GORDURA SATURADA	PROTEÍNA	CARBOIDRATOS	AÇÚCARES	SAL	FIBRAS
208	12,9 g	6,1 g	5,1 g	19,7 g	15,9 g	0,2 g	4,8 g

ENSOPADO ESCOCÊS COM BOLINHOS

RAÍZES, TEMPERO TÍPICO E SALADA DE REPOLHO E MAÇÃ

SERVE 6 | 2 HORAS

300 g de aipo-rábano

300 g de rutabaga (também chamada de couve-nabo)

3 cenouras

azeite

4 folhas frescas de louro

280 g de cebola em conserva

½ colher (chá) de pimenta-da-jamaica em pó

½ colher (chá) de cravo-da-índia em pó

75 g de cevada integral

330 ml de cerveja tipo porter

2 colheres (chá) de geleia de cassis

1,5 litro de caldo de legumes

300 g de farinha de trigo com fermento

50 g de manteiga sem sal (gelada)

¼ de repolho roxo (200 g)

1 maçã

1 colher (sopa) de vinagre de vinho tinto

1 colher (chá) de mostarda à l'ancienne (com grãos inteiros)

Preaqueça o forno a 180°C. Descasque o aipo-rábano e a rutabaga, lave a casca das cenouras, depois pique tudo grosseiramente e leve ao fogo médio em uma panela grande, com 1 colher (sopa) de azeite, as folhas de louro, uma pitada de sal marinho e uma pitada generosa de pimenta. Escorra o líquido da conserva de cebolas e acrescente-as, incorporando também a pimenta-da-jamaica e o cravo. Cozinhe por 15 minutos, até ficar bem dourado, mexendo sempre. Adicione a cevada integral, despeje a cerveja e espere ferver. Acrescente a geleia e o caldo e deixe cozinhar.

Coloque a farinha numa tigela e tempere com uma boa pitada de sal. Acrescente a manteiga gelada picada e cerca de 100 ml de água, ou o suficiente para transformar tudo numa massa maleável. Faça 12 bolinhos e jogue-as no ensopado, sacudindo a panela para cobrir. Regue com um pouco de azeite, depois tampe e deixe cozinhar por 1 hora ou até que o ensopado tenha reduzido e os bolinhos estejam dourados e com o dobro do tamanho, tirando a tampa nos últimos 15 minutos para dar cor. Enquanto isso, fatie bem fino o repolho e a maçã, usando uma faca ou uma mandolina (não deixe de usar a proteção!). Misture com o vinagre e a mostarda, depois tempere com sal e pimenta-do-reino a gosto.

Prove o ensopado e acerte o sal e a pimenta, se necessário. Sirva com os bolinhos e a salada de repolho.

> Os bolinhos vão crescer bastante ao cozinhar, por isso se certifique de que haja bastante espaço entre o ensopado e a tampa da panela.

CALORIAS	GORDURA	GORDURA SATURADA	PROTEÍNA	CARBOIDRATOS	AÇÚCARES	SAL	FIBRAS
424	13,2 g	5,1 g	10,2 g	67,1 g	15,6 g	1,9 g	8.1 g

SOPA TAILANDESA COM TOFU E COGUMELOS
CALDO AGRIDOCE PICANTE E BOLINHO DE ARROZ CROCANTE

SERVE 6 | 25 MINUTOS

azeite

450 g de arroz basmati

800 ml de caldo de legumes

400 ml de leite de coco light

4 colheres (chá) de pasta de tamarindo

4 talos de capim-limão

15 g açúcar de coco

1-2 pimentas dedo-de-moça

1 pedaço de 4 cm de gengibre

200 g de mix de cogumelos

300 g de tofu firme

6 cebolinhas com bulbo

½ maço de coentro fresco (15 g)

shoyu light

1 limão

Unte uma panela antiaderente com azeite. Adicione o arroz e o dobro de volume de água, acrescente uma pitada de sal marinho, tampe e deixe cozinhar em fogo alto por 10 minutos. Tire a tampa e deixe cozinhar em fogo baixo por mais 5 minutos, mexendo a panela de vez em quando, até que o arroz esteja soltinho e crocante no fundo.

Enquanto isso, despeje o caldo e o leite de coco em uma panela grande, incorporando também a pasta de tamarindo. Dispense a extremidade mais dura do capim-limão, depois pique fino a parte mais macia e acrescente à panela, incorporando o açúcar de coco em seguida. Corte as pimentas (desprezando as sementes) em tiras finas, descasque e pique bem o gengibre, em seguida acrescente tudo à panela e leve ao fogo médio. Pique grosseiramente os cogumelos maiores e o tofu, deixando os menores inteiros, depois os junte à panela. Deixe ferver por alguns minutos, enquanto corta a cebolinha em fatias finas e separa as folhas de coentro. Então misture tudo e acrescente shoyu a gosto.

Transfira o caldo para tigelas. Vire o bolo de arroz, fatie-o e coloque por cima. Sirva com o restante do coentro e algumas fatias de limão, para espremer por cima.

> Você pode se divertir muito experimentando com diferentes tipos de cogumelos e com os vegetais da época — dê preferência ao que está disponível e aproveite ao máximo os ingredientes.

CALORIAS	GORDURA	GORDURA SATURADA	PROTEÍNA	CARBOIDRATOS	AÇÚCARES	SAL	FIBRAS
384	9 g	4,4 g	12,7 g	65,9 g	6 g	0,4 g	2,3 g

ESTROGONOFE DE COGUMELOS
PICLES CROCANTES, ALCAPARRAS AROMÁTICAS E MOLHO CREMOSO DE UÍSQUE

SERVE 2 | 20 MINUTOS

400 g de mix de cogumelos

1 cebola roxa

2 dentes de alho

4 cebolas em conserva

2 picles inteiros

4 ramos de salsinha fresca

azeite

1 colher (sopa) de minialcaparras

50 ml de uísque

páprica defumada

80 g de creme de leite fresco semidesnatado

Prepare tudo antes de começar a cozinhar: apare os talos dos cogumelos, picando os maiores e deixando os menores inteiros, descasque e corte em tiras finas a cebola roxa, o alho, a cebola em conserva e os picles, separe as folhas da salsinha e pique-as grosseiramente, depois fatie fino os talos.

Leve uma frigideira antiaderente grande ao fogo alto, acrescente os cogumelos e a cebola roxa, misture e deixe fritar, sem usar óleo, por 5 minutos (isso vai dar mais sabor), mexendo sempre. Adicione 1 colher (sopa) de azeite, em seguida o alho, as cebolas em conserva, os picles, os talos de salsinha e as alcaparras. Depois de 3 minutos, acrescente o uísque e incline a frigideira com cuidado para flambar, ou use um fósforo de segurança (cuidado com as sobrancelhas!). Quando as chamas apagarem, acrescente ¼ de colher (chá) de páprica, o creme de leite fresco e as folhas de salsinha, e então misture. Afine com um pouco de água fervendo, até ficar com consistência de molho, e tempere com sal e pimenta-do-reino a gosto.

Divida em pratos, polvilhe um pouco de páprica e sirva com arroz soltinho.

> Dê preferência a variedades silvestres de cogumelos — são extraordinários e dão um sabor especial ao prato.

CALORIAS	GORDURA	GORDURA SATURADA	PROTEÍNA	CARBOIDRATOS	AÇÚCARES	SAL	FIBRAS
251	13,9 g	5,2 g	6,7 g	11,9 g	7,9 g	0,8 g	4,3 g

TAGINE VEGETARIANO

AÇAFRÃO, LIMÃO-SICILIANO EM CONSERVA, DAMASCOS,
CUSCUZ MARROQUINO E AMÊNDOAS TOSTADAS

SERVE 6 | 1 HORA

1 pitada de açafrão em estigmas

4 dentes de alho

1 pedaço de 4 cm de gengibre

azeite

1 colher (chá) de cominho em pó

½ colher (chá) de canela em pó

1 colher (chá) de ras el hanout

1 colher (sopa) de pasta de tomate seco

2,5 kg de legumes variados, como berinjela, abobrinha, cenoura, tomate-cereja, cebola roxa, abóbora, pimentão

1 lata (400 g) de grão-de-bico cozido

100 g de damasco seco

1 limão-siciliano em conserva

300 g de cuscuz marroquino

½ maço de ervas frescas, como endro, hortelã, salsinha (15 g)

20 g de amêndoas laminadas

Coloque o açafrão em uma jarra, cubra com 500 ml de água fervente e deixe em infusão. Enquanto isso, descasque e fatie fino o alho e o gengibre, e passe-os para uma panela grande em fogo médio e acrescente 2 colheres (sopa) de azeite, o cominho, a canela e o ras el hanout. Incorpore a pasta de tomate e deixe cozinhar por alguns minutos, mexendo sempre, e então adicione a água do açafrão. Descasque e prepare os legumes como necessário, depois os corte em pedaços grandes e acrescente à panela. Adicione o grão-de-bico (com o líquido da conserva), pique grosseiramente e acrescente os damascos e o limão-siciliano em conserva, descartando eventuais sementes, depois tempere com sal marinho e pimenta. Espere ferver, tampe, abaixe o fogo e deixe cozinhar por 45 minutos ou até ficar macio, mexendo de vez em quando.

Quando os legumes estiverem quase prontos, cubra o cuscuz marroquino com água fervente, tempere com sal e pimenta-do-reino e tampe com um prato. Deixe por 10 minutos, depois afofe com um garfo. Separe as folhas das ervas e toste as amêndoas, em seguida polvilhe por cima do prato para servir.

Fica delicioso com iogurte temperado com harissa.

> Escolha os legumes da estação — mais macios e delicados —, que trarão um sabor extraordinário à sua preparação.

CALORIAS	GORDURA	GORDURA SATURADA	PROTEÍNA	CARBOIDRATOS	AÇÚCARES	SAL	FIBRAS
438	9,6 g	1,4 g	16,3 g	77,6 g	27,7 g	1 g	15,8 g

BIRYANI COM CROSTA DE PÃO
COUVE-FLOR, GRÃO-DE-BICO, CURRY DE VAGEM E ARROZ AROMÁTICO COM AÇAFRÃO

SERVE 6 | 2 HORAS, MAIS O TEMPO DE DESCANSO

450 g de arroz basmati

2 dentes de alho

1 pedaço de 2,5 cm de gengibre

2 cebolas

1 pimenta dedo-de-moça

100 g de pasta de tomate seco

1 maço de coentro fresco (30 g)

3 cravos-da-índia

1 canela em pau

azeite

200 g de vagem

½ couve-flor (400 g)

aprox. 2 latas (700 g) de grão--de-bico cozido

150 g de iogurte natural

350 ml de leite semidesnatado

1 pitada generosa de açafrão em estigmas

½ colher (chá) de bagas de cardamomo

garam masala

200 g de farinha de trigo com fermento

Cozinhe o arroz em uma panela grande com água fervente e salgada por exatos 7 minutos, depois escorra e espalhe em uma assadeira para esfriar. Enquanto isso, descasque e pique grosseiramente o alho, o gengibre e as cebolas. Bata no liquidificador a pimenta, a pasta de tomate, a maior parte do coentro e um pouco de água até formar uma pasta. Leve os cravos e a canela a uma frigideira grande em fogo médio com 2 colheres (sopa) de azeite e refogue por 2 minutos, em seguida adicione a pasta e cozinhe por 10 minutos, mexendo sempre. Apare as extremidades das vagens e corte-as ao meio, divida a couve-flor em floretes pequenos, em seguida junte tudo à panela, acrescentando também o grão-de-bico (com o líquido da conserva). Incorpore o iogurte, tampe e deixe cozinhar em fogo baixo por 10 minutos. Tempere a gosto com sal marinho e pimenta.

Preaqueça o forno a 180°C. Aqueça o leite com cuidado, em fogo baixo, depois desligue. Adicione o açafrão e as bagas de cardamomo amassadas e deixe a mistura em infusão. Unte levemente uma fôrma redonda de fundo removível e coloque sobre uma assadeira. Coloque um terço do arroz e pressione bem, para compactar. Regue com 4 colheres de sopa do leite com açafrão, adicione 1 colher (chá) de garam masala e espalhe metade do curry. Repita as camadas, sempre pressionando, e finalize com uma camada de arroz e 4 colheres de sopa do leite com açafrão.

Acrescente a farinha ao restante do leite com açafrão, formando uma massa (use mais farinha, se necessário). Sove até ficar homogênea, então abra com um rolo até que fique maior que a fôrma. Coloque sobre o arroz, pressionando nas beiradas para selar. Pincele com azeite, polvilhe garam masala e asse na parte de baixo do forno por 40 minutos ou até dourar. Deixe descansar por 15 minutos, depois remova a crosta de pão e quebre-a em porções. Para servir, desenforme e polvilhe as folhas bem picadas do coentro que restou. Fica muito bom com um pouco de limão-siciliano espremido, uma salada verde e uma colherada de iogurte.

CALORIAS	GORDURA	GORDURA SATURADA	PROTEÍNA	CARBOIDRATOS	AÇÚCARES	SAL	FIBRAS
691	17,5 g	3,6 g	22,7 g	116,6 g	13,2 g	0,9 g	10,4 g

TORTAS, PANQUECAS E AFINS

EMPADÃO COM PORCINI
RAÍZES, COGUMELOS, MARMITE E ALECRIM CROCANTE

SERVE 6-8 | 2 HORAS

10 g de cogumelo porcini seco

2 alhos-porós grandes

3 cenouras

500 g de rutabaga

500 g de aipo-rábano

azeite

3 ramos de alecrim fresco

1 colher (chá) de cominho em grãos

2 kg de batata

40 g de manteiga sem sal

1 pouco de leite semidesnatado

1 cebola

1 colher (chá) de Marmite ou de molho inglês

3 colheres (sopa) de extrato de tomate

1 lata (400 g) de lentilha cozida

Preaqueça o forno a 190°C. No liquidificador, cubra os cogumelos com 600 ml de água fervente. Lave e corte o alho-poró em fatias de 2 cm, depois lave a casca das cenouras, da rutabaga e do aipo-rábano e pique-os em pedaços mais ou menos do mesmo tamanho. Adicione 2 colheres (sopa) de azeite em uma panela grande em fogo médio, separe as folhas do alecrim, frite-as por 1 minuto para ficarem crocantes e, com o auxílio de uma escumadeira, passe-as para um prato. Acrescente o cominho em grãos e os vegetais ao azeite aromatizado, tempere com sal marinho e pimenta e deixe cozinhar por 30 minutos, mexendo sempre.

Enquanto isso, descasque e pique grosseiramente as batatas, então cozinhe-as em uma panela com água fervente com sal por 15 minutos ou até ficarem macias, depois escorra bem. Faça um purê, acrescentando a manteiga e o leite, e tempere com sal e pimenta-do-reino a gosto. Acrescente aos cogumelos no liquidificador a cebola cortada em quatro, o Marmite e o extrato de tomate, batendo até ficar homogêneo. Leve à panela com os vegetais e cozinhe por 20 minutos ou até ficar escuro e caramelizado, sem parar de mexer e raspando sempre o que grudar no fundo.

Acrescente a lentilha (com o líquido da conserva) à panela dos vegetais, deixe ferver e depois tempere com sal e pimenta-do-reino a gosto. Cubra os vegetais com o purê, coloque a panela dentro de uma assadeira e leve-a ao forno por 30 minutos ou até ficar ligeiramente dourado e borbulhando nas bordas. Por fim, salpique o alecrim.

Sirva com verduras cozidas no vapor — não tem erro!

> Às vezes substituo a lentilha por feijão borlotti ou feijão-manteiga — fica muito bom!

CALORIAS	GORDURA	GORDURA SATURADA	PROTEÍNA	CARBOIDRATOS	AÇÚCARES	SAL	FIBRAS
466	12 g	4,4 g	14 g	80 g	15 g	0,8 g	13,7 g

TORTA DE CEBOLA CARAMELIZADA

ALHO, TOMILHO FRESCO, LOURO E MASSA FOLHADA

SERVE 6 | 50 MINUTOS

4 cebolas

50 g de manteiga sem sal

4 ramos de tomilho fresco

4 folhas frescas de louro

2 colheres (sopa) de açúcar mascavo

4 colheres (sopa) de vinagre de maçã

8 dentes de alho

320 g de massa folhada pronta (gelada)

Preaqueça o forno a 220°C. Descasque as cebolas e corte-as ao meio. Coloque a manteiga em uma frigideira antiaderente de 26 cm e leve ao fogo médio. Adicione o louro e o tomilho (sem o talo) e agite a frigideira até borbulhar. Em seguida, acrescente o açúcar, o vinagre e 100 ml de água. Adicione as cebolas, dispondo-as com o lado cortado para baixo. Descasque e corte ao meio os dentes de alho, encaixando-os nos espaços entre as cebolas, depois tempere generosamente com sal marinho e pimenta. Tampe, abaixe o fogo e deixe cozinhar por 10 minutos, até que as cebolas tenham amolecido de leve, e então destampe e deixe cozinhar até — isso é muito importante! — o líquido começar a caramelizar, agitando ligeiramente a frigideira de vez em quando para não grudar.

Coloque a massa folhada por cima das cebolas e use uma colher de pau para pressioná-la contra as bordas da panela. Asse por 35 minutos ou até que esteja dourado-escuro e inflado (vai ficar bem escuro mesmo, mas não se preocupe!). Usando luvas, coloque um prato grande em cima da frigideira e, com confiança e cuidado, vire.

Fica deliciosa servida com queijo de cabra, uma salada simples e uma cerveja gelada.

> Chalotas, alho-poró e cebolinha também rendem tortas deliciosas — só se certifique de que estejam macios e caramelizados antes de cobrir com a massa.

CALORIAS	GORDURA	GORDURA SATURADA	PROTEÍNA	CARBOIDRATOS	AÇÚCARES	SAL	FIBRAS
352	21,6 g	13,6 g	4,4 g	35,3 g	13,5 g	0,6 g	3,5 g

PANQUECA INDIANA
MOLHO DE TOMATE E GENGIBRE E COCO FRESCO RALADO

SERVE 6 | 1 HORA E 45 MINUTOS, MAIS O TEMPO DE DEMOLHO E FERMENTAÇÃO

150 g de lentilha branca ou vermelha

300 g de arroz basmati

2 colheres (sopa) de feno-grego em grãos

2 cebolas roxas

2 pimentões de cores variadas

2 batatas

2 batatas-doces (de 250 g cada)

azeite

65 g de coco fresco ralado

1 pedaço de 5 cm de gengibre

12 tomates-cereja maduros

2 dentes de alho

2 pimentas dedo-de-moça

2 colheres (chá) de cominho em grãos

2 colheres (chá) de sementes de mostarda

1 pedaço de manteiga sem sal

½ maço de coentro fresco (15 g)

Lave bem a lentilha, o arroz e o feno-grego, depois os escorra e coloque tudo no liquidificador com 900 ml de água. Deixe de molho por 6 horas, tampado (transfira para uma tigela com tampa e faça em etapas se seu liquidificador for pequeno), depois bata. Deixe a noite toda em temperatura ambiente para fermentar, e então bata de novo até ficar bem homogêneo — essa massa deve durar 2 dias na geladeira. Na hora do preparo, preaqueça o forno a 180°C. Espalhe bem 1 colher (sopa) de azeite nas cebolas, nos pimentões, nas batatas e nas batatas-doces, em seguida passe tudo (apertadinho mesmo) para uma assadeira. Leve ao forno com um pouco de água por 1 hora ou até amolecer.

Enquanto isso, coloque o coco ralado em uma tigela pequena. Descasque o gengibre, depois rale 1 cm sobre os tomates e passe para outra tigela, temperando com sal marinho e pimenta. Descasque o alho, depois pique fino com o restante do gengibre e as pimentas. Refogue em fogo médio por 1 minuto o cominho e as sementes de mostarda em uma frigideira antiaderente grande com manteiga. Acrescente o alho, o gengibre e as pimentas, frite por mais 1 minuto, depois inclua todos os vegetais assados, descartando cascas grossas e sementes. Guarde o líquido da assadeira para a hora de servir. Misture tudo, tempere a gosto com sal e pimenta-do-reino, separe as folhas de coentro e frite até dourar. Mantenha quente enquanto faz as panquecas.

Aqueça uma frigideira antiaderente grande em fogo médio, coloque uma concha de massa e gire para formar uma camada fina. Cozinhe por 5 minutos ou até ficar crocante e dourada só de um lado, depois vire e repita. Sirva com os vegetais, o molho e a cobertura.

> Misturar chutney de manga com o líquido da assadeira dá muito certo.

CALORIAS	GORDURA	GORDURA SATURADA	PROTEÍNA	CARBOIDRATOS	AÇÚCARES	SAL	FIBRAS
480	10,7 g	5,8 g	15,6 g	87,6 g	12,8 g	0,5 g	4,9 g

TORTA DE VERÃO VEGETARIANA

LIMÃO-SICILIANO EM CONSERVA, AÇAFRÃO, HARISSA, MASSA FINA CROCANTE E IOGURTE

SERVE 4 | 1 HORA E 30 MINUTOS

400 g de iogurte natural

320 g de tomate-cereja maduro

azeite extravirgem

1 colher (sopa) de vinagre de vinho tinto

4 dentes de alho

1 colher (sopa) de erva-doce

azeite

1 alho-poró grande

320 g de batata bolinha

320 g de abóbora

320 g de abobrinha

aprox. 2 latas (700 g) de grão--de-bico cozido

1 limão-siciliano em conserva

1 colher (chá) de harissa rosa

50 g de amarena desidratada ou damasco seco

1 pitada de açafrão em estigmas

8 folhas de massa fillo

1 colher (sopa) de gergelim

Forre uma peneira com 3 folhas de papel-toalha, disponha-a sobre uma tigela e despeje o iogurte. Erga o papel e pressione-o muito delicadamente para que o líquido comece a pingar no recipiente, depois deixe escorrendo. Corte os tomates ao meio, tempere com sal marinho e pimenta, regue com 2 colheres (sopa) de azeite extravirgem e vinagre, misture e deixe marinar (para acentuar o sabor).

Preaqueça o forno a 190°C. Descasque o alho e pique-o fino, em seguida transfira para uma frigideira (que possa ir ao forno) em fogo médio, adicionando também a erva-doce e 2 colheres (sopa) de azeite. Refogue por alguns minutos, mexendo sempre. Lave e corte o alho-poró, higienize a casca das batatas, da abóbora (sem sementes) e das abobrinhas e pique tudo em pedaços de 2 cm. Vá acrescentando os vegetais à frigideira conforme os prepara. Tampe e deixe cozinhar por 15 minutos, agitando-a de vez em quando. Tire a tampa, incorpore o grão-de-bico (com o líquido da conserva) e tempere de leve com uma pitada de sal e pimenta-do-reino. Pique fino o limão-siciliano, descartando quaisquer sementes, e então acrescente à frigideira com um pouco do líquido da conserva e a harissa. Frite por mais 15 minutos ou até ficar bem caramelizado, mexendo de vez em quando.

Enquanto isso, cubra as amarenas (se optar por damascos, pique-os grosseiramente) e o açafrão com 300 ml de água fervente e deixe descansar por alguns minutos, antes de acrescentar aos legumes. Faça o mesmo com os tomates, mas reserve o líquido da marinada. Abra a massa fillo, depois pincele o líquido reservado. Disponha a massa em camadas dentro da frigideira, amassando e formando ondas (não precisa ficar muito certinho). Espalhe o gergelim por cima e deixe assar por 25 minutos ou até dourar e ficar crocante. Transfira o iogurte para um prato, regue com um pouco de óleo da harissa e sirva como acompanhamento para a torta.

CALORIAS	GORDURA	GORDURA SATURADA	PROTEÍNA	CARBOIDRATOS	AÇÚCARES	SAL	FIBRAS
641	23,7 g	5,6 g	20,5 g	90,6 g	28,8 g	1,7 g	9,4 g

PIZZA DE COUVE-FLOR COM QUEIJO
MOLHO BRANCO CREMOSO E BORDA SUPERCROCANTE

SERVE 4-6 | 1 HORA E 10 MINUTOS, MAIS O TEMPO DE CRESCER

7 g de fermento biológico seco

550 g de farinha de trigo para pão e mais um pouco para polvilhar

azeite

1 cebola

50 g de manteiga sem sal

4 folhas frescas de louro

2 colheres (chá) de mostarda amarela

700 ml de leite semidesnatado

1 couve-flor pequena, de preferência com as folhas (600 g)

120 g de cheddar inglês

Deixe o fermento por 2 minutos em 300 ml de água morna, depois passe para uma tigela grande com 500 g de farinha e uma boa pitada de sal marinho. Misture muito bem, e então sove vigorosamente sobre uma superfície enfarinhada até formar uma massa lisa e elástica. Unte a massa com um pouco de azeite, transfira para uma tigela, cubra com um pano de prato limpo e úmido e deixe crescer por 1 hora em um ambiente quente ou até dobrar de tamanho.

Enquanto isso, descasque e fatie fino a cebola e então leve-a para uma panela com a manteiga, o louro e um pouco de água. Refogue em fogo médio por 10 minutos, mexendo sempre. Acrescente 50 g de farinha, depois a mostarda e vá adicionando o leite aos poucos, até formar um molho branco. Pique grosseiramente a couve-flor, descartando apenas as folhas externas que estiverem feias e cortando o talo em fatias finas. Leve à panela com as folhas que restarem. Mantenha em fogo baixo por 30 minutos, mexendo de vez em quando, então apague o fogo, rale o queijo, tempere com sal e pimenta-do-reino a gosto e deixe esfriar um pouco.

Preaqueça o forno a 240°C. Unte levemente uma frigideira de 30 cm que possa ir ao forno ou uma assadeira de 25 × 35 cm e preencha todo o espaço com a massa. Transfira a mistura de couve-flor, deixando 2 cm de borda, depois deixe crescer de novo até dobrar de tamanho. Asse na parte de baixo do forno por 35 minutos ou até que fique dourado e crocante e o queijo derreta.

Fica deliciosa com uma salada verde com molho de limão-siciliano.

> Use o queijo que quiser. Também fica muito gostosa com brócolis em vez de couve-flor, ou com uma mistura dos dois.

CALORIAS	GORDURA	GORDURA SATURADA	PROTEÍNA	CARBOIDRATOS	AÇÚCARES	SAL	FIBRAS
872	28,4 g	15,8 g	34,2 g	128,4 g	16,4 g	1,5 g	8,3 g

BOLINHOS COZIDOS NO VAPOR COM CROSTA CROCANTE

ABÓBORA ASSADA, BRÓCOLIS, ALHO, GENGIBRE, MISSÔ, PIMENTA E GERGELIM

SERVE 4 | 1 HORA E 35 MINUTOS, MAIS O TEMPO DE ESFRIAR

500 g de abóbora

azeite

1 dente de alho

1 pedaço de 6 cm de gengibre

80 g de brócolis

1 colher (chá) de missô vermelho

1 colher (sopa) de vinagre de arroz

24 quadrados de 10 cm de massa para wonton

½ pimenta dedo-de-moça

2 cebolinhas com bulbo

2 colheres (sopa) de gergelim

shoyu light

mostarda amarela

1 limão

Preaqueça o forno a 180°C. Corte a abóbora, descarte as sementes e misture com 1 colher (sopa) de azeite e uma pitada de sal marinho e pimenta, depois asse por 1 hora ou até que fique macia e dourada. Deixe esfriar.

Descasque o alho e um pedaço de 2 cm de gengibre e transfira para o processador de alimentos com o brócolis, o missô e o vinagre, batendo até afinar. Acrescente a abóbora e bata também, depois tempere a gosto.

Um a um, umedeça os quadrados de massa com os dedos, adicione 1 colher de chá do recheio e aperte para fechar (não se preocupe se alguns rasgarem). Coloque os bolinhos em uma frigideira antiaderente grande e untada, leve ao fogo alto, despeje 150 ml de água e tampe. Deixe cozinhar no vapor até que a água evapore por completo, então tire a tampa e deixe grelhar, tirando os bolinhos assim que o fundo estiver dourado e crocante.

Enquanto isso, descasque e pique o que restou do gengibre, fatie a pimenta e transfira tudo para um pratinho. Corte a cebolinha, toste o gergelim e sirva com shoyu, mostarda e fatias de limão.

> Também adoro usar ervilhas, aspargos, castanhas e edamame. Fica delicioso!

CALORIAS	GORDURA	GORDURA SATURADA	PROTEÍNA	CARBOIDRATOS	AÇÚCARES	SAL	FIBRAS
227	7 g	1,1 g	6,9 g	33,7 g	6,7 g	1,2 g	4,1 g

SOPA E QUICHE DE ASPARGOS
MASSA INTEGRAL, TOMILHO, RICOTA E CHEDDAR

SERVE 5-8 | **1 HORA E 15 MINUTOS, MAIS O TEMPO DE ESFRIAR**

125 g de farinha de trigo

125 g de farinha de trigo integral

125 g de manteiga sem sal (gelada)

7 ovos grandes

1 kg de aspargos

azeite

2 batatas grandes

2 cebolas

½ maço de tomilho fresco (15 g)

1,5 litro de caldo de legumes

150 g de ricota

150 g de cheddar inglês

Preaqueça o forno a 180°C. Coloque as farinhas em uma tigela com uma boa pitada de sal marinho, depois corte a manteiga em cubos e a incorpore. Faça um buraco no meio, quebre um ovo ali, adicione 2 colheres (sopa) de água fria e em seguida misture bem. Coloque a massa entre duas folhas grandes de papel-manteiga, achate até ficar com 1,5 cm de espessura e deixe esfriar na geladeira por 30 minutos. Com um rolo, abra a massa entre as folhas de papel-manteiga, em seguida transfira para uma fôrma de fundo removível de 25 cm de diâmetro e ajeite com cuidado nas laterais para que a massa suba um pouquinho (evitando que encolha). Fure toda a base com um garfo e asse por 20 minutos ou até ficar levemente dourada, depois tire o excesso de massa (às vezes nem faço isso, porque as pessoas adoram a crostinha).

Corte os aspargos ao meio e reserve as pontas para a quiche. Pique e leve o restante a uma frigideira grande em fogo médio com 1 colher (sopa) de azeite. Descasque e corte grosseiramente as batatas e as cebolas, separe metade das folhas do tomilho, incorpore tudo e deixe cozinhar por 15 minutos ou até dourar levemente, mexendo sempre. Adicione o caldo, deixe ferver e então cozinhe por mais 15 minutos. Bata com um mixer até ficar homogêneo, passe pela peneira, por fim tempere com sal e pimenta-do-reino a gosto.

Com a sopa encaminhada, bata em uma tigela o restante dos ovos com uma pitada de sal, pimenta-do-reino e a ricota, depois rale o cheddar e separe a outra metade das folhas de tomilho. Pique e adicione as pontas reservadas dos aspargos, depois inclua na mistura de ovos e despeje tudo sobre a massa da quiche. Asse por 40 minutos ou até ficar bem dourada.

Gosto de servir a quiche e a sopa juntas — rendem uma refeição maravilhosa.

CALORIAS	GORDURA	GORDURA SATURADA	PROTEÍNA	CARBOIDRATOS	AÇÚCARES	SAL	FIBRAS
514	30,4 g	15,4 g	23,1 g	39,7 g	6,3 g	1,1 g	5,5 g

MUSSACÁ VEGETARIANO

TOMATE ADOCICADO, BERINJELA GRELHADA, MOLHO CREMOSO DE PORCINI E FETA

SERVE 8 | 2 HORAS

40 g de cogumelo porcini seco

2 cebolas

8 dentes de alho

azeite

½ canela em pau

1 maço de orégano fresco (30 g)

2 colheres (sopa) de vinagre de vinho tinto

2 berinjelas grandes (400 g cada)

1 kg de batata

800 g de tomate pelado

200 g de queijo feta

2 ovos grandes

500 ml de leite semidesnatado

1 noz-moscada inteira, para ralar

Cubra os cogumelos com 500 ml de água fervente. Descasque o alho e as cebolas e corte em fatias finas. Despeje 2 colheres (sopa) de azeite em uma panela grande em fogo médio-baixo, acrescente a canela e frite por 1 minuto, depois junte a cebola e o alho. Adicione as folhas de orégano e o vinagre e deixe cozinhar tampado por 20 minutos ou até que tudo esteja macio e levemente dourado, mexendo sempre. Enquanto isso, corte a berinjela em tiras de 1 cm de espessura e grelhe em levas na frigideira-grelha.

Lave as batatas e corte-as com a casca em tiras de 1 cm de espessura, depois junte-as à panela com a água do porcini, reservando os cogumelos. Adicione os tomates à panela, depois despeje 400 ml de água e deixe engrossar no fogo médio por 30 minutos, mexendo sempre. Preaqueça o forno a 200°C.

Coloque os cogumelos no liquidificador com metade do feta e os ovos. Adicione o leite, rale bem metade da noz-moscada e bata até ficar homogêneo. Tempere o molho de tomate com sal marinho e pimenta a gosto, depois transfira metade para uma assadeira de 25 × 35 cm. Cubra com metade da berinjela, regue com 4 colheres (sopa) do molho cremoso e depois repita, finalizando com o restante do molho. Esfarele o feta por cima e leve para assar por 40 minutos ou até dourar e borbulhar.

Fica delicioso servido acompanhado de uma salada verde com molho de limão-siciliano.

> Você pode trocar o feta por queijo halloumi. Tiras de abobrinha também ficam ótimas com a berinjela.

CALORIAS	GORDURA	GORDURA SATURADA	PROTEÍNA	CARBOIDRATOS	AÇÚCARES	SAL	FIBRAS
311	11,6 g	5,2 g	14,6 g	40 g	13,4 g	0,8 g	5,6 g

PITHIVIER SALGADO

MASSA DOURADA, AIPO-RÁBANO, MOLHO CREMOSO DE ALHO-PORÓ, COGUMELOS E QUEIJO GORGONZOLA

SERVE 10 | **4 HORAS E 30 MINUTOS, MAIS UMA NOITE NA GELADEIRA**

1 aipo-rábano inteiro (1 kg)

azeite

2 alhos-porós grandes

1 pedaço de manteiga sem sal

2 dentes de alho

400 g mix de cogumelos

75 g de farinha de trigo

2 colheres (chá) de mostarda amarela

800 ml de leite semidesnatado

1 maço de salsinha fresca (30 g)

120 g de queijo gorgonzola

640 g de massa folhada (gelada)

1 ovo grande

Preaqueça o forno a 200°C. Lave o aipo-rábano e unte-o com 1 colher (sopa) de azeite, depois o envolva em papel-alumínio. Asse por 1 hora e meia, depois corte em fatias finas e tempere com sal marinho e pimenta. Enquanto isso, lave o alho-poró, corte-o ao meio, e pique em fatias finas e então leve com a manteiga a uma panela grande em fogo médio. Descasque o alho e corte em fatias finas, assim como os cogumelos, depois incorpore e deixe cozinhar por 15 minutos. Adicione a farinha e a mostarda, em seguida acrescente o leite aos poucos e deixe ferver por 5 minutos ou até engrossar, mexendo sempre. Tire do fogo, acrescente a salsinha picada finamente e o queijo esfarelado e tempere a gosto.

Forre uma tigela de 20 cm (com 8 cm de profundidade) com filme plástico. Disponha as fatias de aipo-rábano no fundo e nas laterais da tigela, até cobri-la. Reserve metade do molho e distribua o restante em camadas alternadas com o aipo-rábano, terminando com o legume. Cubra o recheio com filme plástico, coloque algo em cima para fazer peso e deixe na geladeira durante a noite, com o restante do molho.

Preaqueça o forno a 180°C. Sobre papel-manteiga, divida a massa em duas e abra cada porção em retângulos de 30 × 35 cm. Desembrulhe o recheio e coloque-o sobre uma das metades da massa. Bata o ovo e pincele nas beiradas da massa, em volta do aipo-rábano. Coloque cuidadosamente a segunda metade por cima, alisando de acordo com o volume do recheio. Deixe 2,5 cm de borda, dobre para selar bem, depois pincele ovo. Faça marcas leves na massa (como na foto) e um buraco no topo. Asse na parte de baixo do forno por 2 horas ou até ficar bem dourado, passando ovo batido mais uma ou duas vezes, e sirva com o molho cremoso aquecido. Fica delicioso com legumes no vapor.

CALORIAS	GORDURA	GORDURA SATURADA	PROTEÍNA	CARBOIDRATOS	AÇÚCARES	SAL	FIBRAS
442	27,4 g	16,2 g	12,8 g	36,2 g	7,6 g	1 g	6,2 g

TORTA ESPIRAL DE MASSA FILLO

RECHEIO DE ESPINAFRE, AZEITONA E FETA, SALADA DE ALFACE E LARANJA SANGUÍNEA

SERVE 6 | **1 HORA E 45 MINUTOS, MAIS O TEMPO DE ESFRIAR**

1 cebola

4 dentes de alho

azeite

10 azeitonas pretas

1 maço de orégano fresco (30 g)

500 g de espinafre baby

250 g de pimentão vermelho assado em conserva

140 g de coração de alcachofra em conserva

2 colheres (sopa) de cuscuz marroquino

6 folhas de massa fillo

100 g de queijo feta

2 ovos grandes

3 alfaces-romanas baby

3 laranjas comuns ou sanguíneas

Descasque a cebola e o alho e corte-os em fatias finas, depois transfira tudo para uma panela grande em fogo médio com 2 colheres (sopa) de azeite. Acrescente as azeitonas picadas e as folhas de orégano e refogue por 5 minutos, mexendo sempre. Adicione o espinafre, o pimentão e a alcachofra, então refogue por mais 10 minutos ou até que todo o líquido tenha evaporado. Tempere com sal marinho e pimenta a gosto, depois acrescente o cuscuz marroquino e deixe esfriar.

Preaqueça o forno a 190°C. Em uma superfície untada, abra três folhas de massa lado a lado, sobrepondo-as e pincelando as sobreposições com água para criar uma única folha maior, depois pincele azeite em tudo. Em cima, disponha as folhas restantes da mesma maneira, para fazer uma camada dupla. Esfarele o feta na mistura de espinafre, bata e adicione os ovos, depois distribua igualmente sobre a porção inferior. Torça, formando uma cobra comprida (não se preocupe se a massa rachar ou rasgar — vai ficar bonito depois de assado, confie!), e enrole-a em espiral, devagar e sem apertar. Depressa, mas com cuidado, transfira tudo para uma assadeira levemente untada e asse na parte de baixo do forno por 50 minutos ou até ficar dourado e crocante.

Separe as folhas da alface e os gomos da laranja e sirva-os juntos, como na foto, acompanhando a torta. Fica uma delícia!

> Além do espinafre, você pode usar verduras como acelga, agrião e rúcula, ou mesmo ervas e flores comestíveis.

CALORIAS	GORDURA	GORDURA SATURADA	PROTEÍNA	CARBOIDRATOS	AÇÚCARES	SAL	FIBRAS
388	17,9 g	4,5 g	14 g	44 g	13,4 g	2,1 g	6,2 g

PASTEL ASSADO DE VEGETAIS
COGUMELOS, RUTABAGA, BATATA, CEBOLA E ALECRIM

RENDE 8 | 1 HORA E 45 MINUTOS, MAIS O TEMPO NA GELADEIRA

500 g de mix de cogumelos

500 g de farinha de trigo para pão e mais um pouco para polvilhar

250 g de manteiga sem sal (gelada)

200 g de rutabaga

400 g de batata

1 cebola

1 pitada de alecrim seco

1 ovo grande

Ponha os cogumelos numa tigela, cubra com 15 g de sal marinho (a maior parte vai sair depois) e pressione, depois deixe descansar por 30 minutos, apertando de vez em quando. Coloque a farinha numa tigela com uma pitada de sal, em seguida incorpore a manteiga picada. Faça um buraco no meio e despeje lentamente 200 ml de água fria, misturando bem para incorporar. Envolva a massa em filme plástico e leve à geladeira por 1 hora.

Depois de 30 minutos, os cogumelos devem estar encharcados, portanto aperte-os com firmeza para remover o máximo possível do líquido salgado (ao final do processo, os cogumelos devem estar pesando por volta de 400 g). Descasque a rutabaga, as batatas e a cebola e corte tudo em rodelas. Misture os legumes com os cogumelos, depois acrescente o alecrim e algumas pitadas generosas de pimenta-do-reino.

Preaqueça o forno a 180°C. Divida a massa em oito e abra-a em círculos de 20 cm em uma superfície limpa e enfarinhada. Divida o recheio e posicione uma porção sobre a massa, deixando 2,5 cm de sobra nas extremidades. Pincele um pouco de ovo na massa exposta, dobre e pressione as bordas, depois torça com os dedos para selar. Pincele com ovo, coloque em uma assadeira e leve para assar por 40 minutos ou até dourar.

Sirva com salada de agrião e maçã e um pouco de mostarda amarela.

> Estes pasteizinhos podem ser congelados crus — na hora de comer, é só colocar direto no forno a 180°C por 1 hora.

CALORIAS	GORDURA	GORDURA SATURADA	PROTEÍNA	CARBOIDRATOS	AÇÚCARES	SAL	FIBRAS
516	27,8 g	16,6 g	9,6 g	60,8 g	4 g	1,1 g	4 g

PANQUECAS AO ESTILO IEMENITA

BERINJELA DEFUMADA, TAHINE CREMOSO E MOLHINHOS CASEIROS

SERVE 4 | 45 MINUTOS

---

300 g de farinha de trigo para pão

7 g de fermento biológico seco

2 berinjelas grandes (400 g cada)

1 dente de alho

2 limões-sicilianos

4 colheres (sopa) de iogurte natural

2 colheres (sopa) de tahine

4 ramos de coentro fresco

1 maço grande de salsinha fresca (60 g)

2 pimentas dedo-de-moça verdes

azeite extravirgem

4 tomates maduros

azeite

4 ovos grandes

Coloque a farinha numa tigela, acrescente uma pitada de sal marinho e o fermento, depois misture com 500 ml de água morna e reserve por 30 minutos. Ao fim desse tempo, a mistura deve estar aerada e cheia de bolinhas. Enquanto isso, toste as berinjelas diretamente na boca do fogão ou em uma frigideira-grelha até amolecerem e ficarem escuras. Abra as berinjelas, transfira a polpa para uma travessa e adicione o alho ralado por cima, temperando também com sal, pimenta-do-reino e um pouco de limão-siciliano espremido. Cubra com o tahine, o iogurte e as folhas de coentro e reserve.

Separe a maior parte das folhas da salsinha e pique fino com as pimentas dedo-de-moça verdes (descartando as sementes, se preferir), depois passe para uma tigela e misture com 2 colheres (sopa) de azeite extravirgem e sumo de 1 limão-siciliano. Em um recipiente, rale os tomates já sem pele e tempere com sal, pimenta-do-reino e sumo de limão-siciliano.

Na hora de servir, leve uma frigideira antiaderente média ao fogo médio com 1 colher (chá) de azeite. Quando estiver quente, acrescente 1 concha da massa, girando a frigideira para que espalhe por igual. Deixe cozinhar até que as laterais comecem a soltar, depois quebre um ovo em cima e use um garfo para espalhá-lo pela superfície da panqueca. Jogue algumas folhas de salsinha e dobre a panqueca, em seguida vire-a para dourar dos dois lados por igual. Repita o processo com as outras 3 panquecas. Sirva com os molhinhos e a berinjela com tahine (não coma a casca tostada). Corte o que tiver restado de limão-siciliano em fatias, para espremer por cima.

> Se for receber muita gente, faça todas as panquecas antes. Depois é só reaquecer a massa e adicionar o ovo e a salsinha.

CALORIAS	GORDURA	GORDURA SATURADA	PROTEÍNA	CARBOIDRATOS	AÇÚCARES	SAL	FIBRAS
513	20,4 g	4,2 g	21,7 g	65,8 g	9,6 g	0,8 g	7,2 g

SAMOSA DE ERVILHA E ESPINAFRE
IOGURTE, MANGA E MOLHO DE PIMENTA

SERVE 8 (RENDE 16) | **1 HORA E 15 MINUTOS, MAIS O TEMPO DE ESFRIAR**

1 cenoura

1 cebola

azeite

2 dentes de alho

1 pedaço de 5 cm de gengibre

1 colher (sopa) de pasta de curry rogan josh

1 lata (400 g) de grão-de-bico cozido

100 g de ervilha congelada

100 g de espinafre baby

1 maço de hortelã fresca (30 g)

100 g de paneer

4 folhas de massa fillo

1 colher (sopa) de gergelim

½ manga madura

1 limão

300 g de iogurte natural

molho de pimenta chinês

Descasque a cenoura e a cebola, corte em cubos de 1 cm e leve a uma frigideira antiaderente em fogo médio com 1 colher (sopa) de azeite. Adicione o alho e o gengibre, descascados e picados fino, depois cozinhe em fogo baixo por 20 minutos, mexendo sempre. Acrescente a pasta de curry e frite por 1 minuto. Junte o grão-de-bico (com o líquido da conserva), as ervilhas e o espinafre e cozinhe por 10 minutos ou até que todo o líquido tenha evaporado. Amasse grosseiramente e tempere com sal e pimenta-do-reino a gosto. Separe as folhas de hortelã, pique fino, junte com ao paneer e misture. Deixe esfriar.

Preaqueça o forno a 200°C. Estenda um pano de prato limpo e úmido sobre a superfície de trabalho, depois coloque uma folha de massa fillo em cima e corte em 4 tiras. Pincele levemente as bordas com água e espalhe 1 colher (sopa) de recheio na parte inferior de cada uma. Dobre a ponta na diagonal para formar um triângulo e siga dobrando assim até o fim, pressionando para selar e escondendo a sobra no fim (tudo bem se não ficar tão bonito; você vai pegar prática aos poucos). Pincele azeite e polvilhe gergelim. Em seguida, divida as samosas em assadeiras untadas e asse por 20 minutos ou até ficarem douradas e crocantes.

Descasque a manga e corte-a em fatias, depois bata no liquidificador com o sumo de limão. Misture com iogurte e adicione a gosto um pouco de molho de pimenta chinês.

Você pode servir quente ou até mesmo frio, no almoço, acompanhado de salada.

> Às vezes gosto de polvilhar garam masala na massa antes de dobrar, para dar um sabor especial.

CALORIAS	GORDURA	GORDURA SATURADA	PROTEÍNA	CARBOIDRATOS	AÇÚCARES	SAL	FIBRAS
245	11,1 g	3,6 g	10,9 g	26,6 g	8,2 g	0,4 g	4.1 g

SOPAS E SANDUÍCHES

SOPA DE PASTINACA
PÃO INDIANO MACIO E PASTINACA CROCANTE

SERVE 4 | 50 MINUTOS

---

800 g de pastinaca

1 cebola

2 dentes de alho

1 pedaço de 5 cm de gengibre

azeite

1 colher (chá) de cominho em grãos

garam masala

200 g de lentilha vermelha

4 paparis sem assar

1,5 litro de caldo de legumes

4 colheres (sopa) de iogurte natural

4 ramos de coentro fresco

opcional: molho de pimenta chinês

Preaqueça o forno a 180°C. Separe 2 pastinacas para usar mais tarde. Pique o restante da pastinaca grosseiramente (com a casca mesmo), assim como a cebola já descascada. Descasque o alho e o gengibre e rale-os fino. Leve a pastinaca e a cebola a uma panela grande em fogo médio com 1 colher (sopa) de azeite, tampe e cozinhe por 20 minutos ou até escurecer, mexendo de vez em quando. Acrescente o alho e o gengibre, depois o cominho, 1 colher (chá) de garam masala e a lentilha e cozinhe por mais 5 minutos. Junte o pão cru e o caldo e deixe ferver por 20 minutos, adicionando um pouco de água, se necessário.

Enquanto isso, corte a pastinaca reservada em tiras finas, até chegar ao miolo fibroso, descartando-o. Tempere com sal e disponha em uma camada única em assadeiras já untadas. Asse por 15 minutos ou até dourar e ficar crocante. Tempere a sopa, misture o iogurte e divida em tigelas. Polvilhe com as folhas de coentro e um pouco de garam masala e cubra com a pastinaca assada. Para um toque mais picante, você pode acrescentar molho de pimenta chinês.

> Se quiser, pode deixar esta sopa mais pedaçuda ou mais cremosa. Cozinhando com um pouco menos de líquido, vira um acompanhamento fantástico para um jantar com curry.

CALORIAS	GORDURA	GORDURA SATURADA	PROTEÍNA	CARBOIDRATOS	AÇÚCARES	SAL	FIBRAS
428	11,7 g	2 g	21,6 g	62,2 g	16,9 g	1,1 g	11,3 g

SHAWARMA CROCANTE DE COGUMELOS

PÃO COM TAHINE, PICLES, MOLHO DE JALAPEÑO COM HORTELÃ E DUKKAH

SERVE 4 | 1 HORA, MAIS O TEMPO DA MARINADA

200 g de iogurte natural

800 g de cogumelos shitake e shimeji preto

1 cebola roxa

2 dentes de alho

2 limões-sicilianos em conserva

1 colher (chá) de cada especiaria: cominho em pó, pimenta-da-jamaica em pó e páprica defumada

azeite

2 colheres (sopa) de melaço de romã

10 rabanetes, de preferência com as folhas

½ pepino

100 g de tomate-cereja maduro

1 colher (sopa) de vinagre de vinho branco

200 g de jalapeño em conserva

1 maço de hortelã fresca (30 g)

4 pães pita grandes

4 colheres (sopa) de tahine

2 colheres (sopa) de dukkah

Forre uma peneira com folhas de papel-toalha e posicione-a sobre uma tigela antes de acrescentar o iogurte. Feche o papel, fazendo uma leve pressão para que o líquido comece a pingar, e deixe escorrer. Apare os talos dos cogumelos shitake e corte a cebola em quatro para soltar as pétalas. Descasque o alho e pique grosseiramente o limão-siciliano em conserva (descarte as sementes) e transforme a mistura em uma pasta com o auxílio de um pilão, adicionando ½ colher (chá) de sal marinho, 1 colher (chá) de pimenta-do-reino e as especiarias. Acrescente 1 colher (sopa) de azeite, depois misture com todos os cogumelos e as cebolas. Deixe marinar por ao menos 2 horas, mas de preferência a noite toda.

Quando chegar a hora de cozinhar, preaqueça o forno a 240°C. Passe alternadamente os cogumelos e as cebolas para um espeto grande, apoie-o em uma assadeira e leve ao fogo por 20 minutos, virando de vez em quando. Aperte bem os vegetais no espeto, regue com o líquido da bandeja e asse por mais 15 minutos ou até ressecar um pouco, regando com melaço de romã nos últimos 3 minutos. Enquanto isso, faça fatias finas com os rabanetes e o pepino, de preferência com uma mandolina (não deixe de usar a proteção!). Corte os tomates em quatro, adicione uma pitada de sal e o vinagre e reserve. Passe os jalapeños (com o líquido da conserva) para o liquidificador e bata bastante com a maioria das folhas de hortelã (reserve algumas para finalizar). O molho pode ser guardado durante algumas semanas em um pote na geladeira — e você poderá dar um toque especial a outras refeições.

Aqueça os pães, espalhe tahine e disponha os vegetais em conserva, o restante das folhas de hortelã e o dukkah. Acrescente os legumes assados e o iogurte e regue com o molho de jalapeño. Para comer, é só enrolar.

> Se o tahine decantou no vidro, adicione um pouco de água quente e agite até que volte à consistência normal.

CALORIAS	GORDURA	GORDURA SATURADA	PROTEÍNA	CARBOIDRATOS	AÇÚCARES	SAL	FIBRAS
357	18,2 g	3,5 g	14,3 g	33,3 g	13,6 g	1,8 g	5,7 g

SOPA DE FEIJÃO-PRETO

COM LIMÃO, AVOCADO, FETA E PIMENTA

SERVE 2 | 30 MINUTOS

2 cebolas roxas

2 dentes de alho

2 talos de aipo

1 pimenta dedo-de-moça

azeite

1 colher (chá) de cominho em grãos

aprox. 2 latas (400 g) de feijão--preto cozido

1 avocado maduro

1 limão

20 g de queijo feta

opcional: 2 ramos de coentro fresco

azeite extravirgem

Descasque as cebolas e o alho e pique bem. Faça o mesmo com o aipo e a pimenta dedo-de-moça, reservando uma pequena quantidade para decorar. Leve a uma panela grande em fogo médio com 1 colher (sopa) de azeite e o cominho. Cozinhe por 15 minutos, mexendo sempre, depois acrescente o feijão-preto (com o líquido da conserva) e 400 ml de água. Deixe cozinhar por 15 minutos ou até engrossar e reduzir. Reserve 1 concha da sopa e bata o restante com o mixer (ou no liquidificador), até ficar com textura lisa e grossa. Tempere com sal e pimenta-do-reino a gosto. Fatie o avocado, tempere com sal e esprema por cima o sumo de meio limão.

Divida a sopa em tigelas e coloque o feijão reservado e o avocado por cima. Esfarele o feta e decore com a pimenta dedo-de-moça reservada. Salpique folhas de coentro (se for usar), regue com um pouco mais de azeite extravirgem e sirva com fatias de limão, para espremer por cima.

> Servida com pão de fermentação natural no fundo da tigela e com um ovo poché em cima, esta sopa vira um surpreendente e delicioso brunch de fim de semana.

CALORIAS	GORDURA	GORDURA SATURADA	PROTEÍNA	CARBOIDRATOS	AÇÚCARES	SAL	FIBRAS
371	21,7 g	4,9 g	13,8 g	25,5 g	12 g	0,9 g	15,6 g

SANDUÍCHE SUPER-RECHEADO
VEGETAIS MEDITERRÂNEOS GRELHADOS, MOLHO DE HORTELÃ E AZEITONA PRETA

SERVE 8 | 45 MINUTOS, MAIS O TEMPO NA GELADEIRA

2 tomates grandes e maduros

2 pimentões de cores variadas

2 abobrinhas

½ couve-flor (400 g)

2 cebolas roxas

1 maço de hortelã fresca (30 g)

azeite extravirgem

2 colheres (sopa) de vinagre de vinho tinto

8 azeitonas pretas

1 pão rústico grande (1 kg)

1 bola (125 g) de mozarela de búfala

Preaqueça a frigideira-grelha em fogo alto. Corte os tomates ao meio e os pimentões em tiras (despreze as sementes), fatie as abobrinhas, pique a couve-flor e corte as cebolas em quatro. Trabalhando em levas, grelhe os vegetais até que fiquem tostados e vá transferindo para uma tigela. Ponha as folhas de hortelã no pilão e macere-as até formar uma pasta, depois adicione 4 colheres (sopa) de azeite e o vinagre. Tire o caroço das azeitonas, acrescente-as à tigela com o molho e misture. Tempere com sal e pimenta-do-reino.

Corte a tampa do pão. Tire o miolo para deixá-lo oco — faça isso da maneira mais uniforme possível, incluindo nos cantos (use as sobras e faça a farinha de rosca da p. 280 para usar em outro momento).

Fatie a mozarela de búfala, misture com os vegetais e acrescente tudo ao interior do pão oco, compactando e empurrando até preencher os cantos. Feche o pão e pressione-o com força, para comprimir as camadas. Enrole em filme plástico, leve à geladeira com algo pesado em cima e deixe por ao menos 4 horas, mas de preferência por mais tempo. Tire da geladeira 20 minutos antes de servir cortado em fatias. Aproveite!

> Usei um pão de 1 kg na foto, mas você pode usar dois menores se for mais fácil encontrar.

CALORIAS	GORDURA	GORDURA SATURADA	PROTEÍNA	CARBOIDRATOS	AÇÚCARES	SAL	FIBRAS
489	16,8 g	4,2 g	16,4 g	72,4 g	8,9 g	1,3 g	7,3 g

SOPA AVELUDADA DE FUNCHO
REDEMOINHO DE ESPINAFRE E CROÛTONS DE PARMESÃO

SERVE 4 | 40 MINUTOS

2 bulbos de funcho

2 cebolas

300 g de batata

azeite

4 fatias de pão rústico

20 g de parmesão

600 ml de leite integral

100 g de espinafre baby

Preaqueça o forno a 180°C. Apare as extremidades do funcho, descasque as cebolas e as batatas, pique tudo grosseiramente e leve a uma panela grande em fogo médio com 1 colher (sopa) de azeite. Depois de 1 minuto, adicione 200 ml de água, tampe e cozinhe por 20 minutos, tirando a tampa na metade do tempo.

Enquanto isso, corte o pão em tiras de 2 cm. Regue com 1 colher (sopa) de azeite, misture bem, espalhe em uma assadeira e rale o parmesão por cima. Asse por 25 minutos ou até ficar bem dourado e crocante.

Acrescente o leite à panela. Deixe ferver, depois transfira para o liquidificador e bata até ficar bem homogêneo — talvez você precise dividir em etapas. Tempere com sal e pimenta-do-reino e distribua dois terços da sopa entre as tigelas. Adicione o espinafre à sopa que ficou no liquidificador e bata de novo. Faça um redemoinho nas tigelas com o creme verde e sirva com croûtons.

> Você pode substituir o espinafre por outras folhas verdes, como agrião, rúcula ou acelga. O resultado é igualmente saboroso!

Para tornar o prato vegetariano, troque o parmesão por um queijo duro sem coalho animal.

CALORIAS	GORDURA	GORDURA SATURADA	PROTEÍNA	CARBOIDRATOS	AÇÚCARES	SAL	FIBRAS
415	14,9 g	5,4 g	15,4 g	60,1 g	14,3 g	0,9 g	10,3 g

SOPA AROMÁTICA COM BIFUM

GENGIBRE ASSADO, CAPIM-LIMÃO, ALHO E PIMENTA

SERVE 4 | 1 HORA

Ingredientes	Modo de preparo

1 pedaço de 12 cm de gengibre

2 talos de capim-limão

1 cabeça de alho

4 chalotas

2 pimentas dedo-de-moça

azeite

2 litros de caldo de legumes

250 g de tomate-cereja maduro com rama

6 folhas de limão kaffir

25 g de cogumelo porcini seco

2 colheres (sopa) de vinagre de vinho tinto

2 colheres (sopa) de shoyu light

200 g de mix de cogumelos

125 g de minimilho

300 g de bifum

1 limão

4 ramos de coentro fresco

Preaqueça o forno a 190°C. Utilizando a base de uma panela grande que possa ir ao forno, amasse o gengibre, o capim-limão e a cabeça de alho e transfira tudo para dentro dela. Descasque as chalotas, mantendo-as inteiras, e adicione à panela com a pimenta dedo-de-moça. Misture tudo com 1 colher (sopa) de azeite e leve para assar por 30 minutos.

Tire a panela do forno e acrescente o caldo, os tomates (com rama e tudo), as folhas de limão kaffir, o porcini, o vinagre e o shoyu. Cozinhe em fogo médio-baixo por 30 minutos, acrescentando os outros cogumelos e o minimilho nos últimos 10 minutos. Cozinhe o bifum de acordo com as instruções da embalagem, escorra e distribua nas tigelas. Esprema o sumo do limão no caldo, prove e acrescente um pouco de shoyu, se necessário. Sirva a sopa nas tigelas do bifum e finalize com folhas de coentro.

> Para variar a receita, gosto de servir com kimchi bem picadinho, fazendo as vezes de picles.

CALORIAS	GORDURA	GORDURA SATURADA	PROTEÍNA	CARBOIDRATOS	AÇÚCARES	SAL	FIBRAS
402	6,2 g	0,8 g	15,8 g	74,7 g	5,1 g	0,8 g	5,6 g

SANDUÍCHE DE COGUMELOS

QUEIJO GORGONZOLA, NOZES QUEBRADAS E RÚCULA

SERVE 4 | 20 MINUTOS

500 g de mix de cogumelos, como shimeji preto ou branco ou shitake

azeite extravirgem

vinagre de vinho tinto

pimenta calabresa em flocos

¼ de cebola roxa

2 talos de aipo, de preferência com as folhas

1 ciabatta grande

60 g de queijo gorgonzola

15 g de rúcula

20 g de nozes sem sal

Preaqueça o forno a 180°C. Apare os talos dos cogumelos e frite-os em uma frigideira antiaderente em fogo alto por 5 minutos, mexendo sempre (isso vai liberar um sabor amendoado). Talvez você precise dividir o trabalho em etapas. Ao mesmo tempo, em uma tigela grande, adicione 2 colheres (sopa) de azeite e 2 (sopa) de vinagre, tempere com uma boa pitada de pimenta calabresa, sal marinho e pimenta-do-reino. Pique bem fino a cebola e o aipo e vá acrescentando os cogumelos quentes à medida que forem ficando prontos (fatie se houver cogumelos muito grandes). Misture tudo.

Aqueça a ciabatta por 5 minutos no forno, depois as corte ao meio e abra como se fosse um livro. Recheie com o queijo gorgonzola em pedaços, a rúcula, as nozes quebradas e por fim a mistura de cogumelos. Fatie em quatro e aproveite. Gosto de fazer uma salada verde bem fresca para acompanhar.

> Para dar um toque diferente, o recheio deste sanduíche pode ser servido como salada — aproveite o pão para fazer croûtons.

CALORIAS	GORDURA	GORDURA SATURADA	PROTEÍNA	CARBOIDRATOS	AÇÚCARES	SAL	FIBRAS
289	14,5 g	4,1 g	12 g	29,4 g	2,8 g	1,2 g	3,8 g

SOPA DE CEBOLA COM SIDRA

CROÛTONS GIGANTES COM QUEIJO

SERVE 4 | 1 HORA E 10 MINUTOS

Ingredientes

- 4 cebolas
- 4 dentes de alho
- 30 g de manteiga sem sal
- 4 folhas frescas de louro
- ½ maço de tomilho fresco (15 g)
- 2 colheres (sopa) de vinagre balsâmico
- 30 g de farinha de centeio ou de trigo integral
- 500 ml de sidra
- 1,2 litro de caldo de legumes
- 1 colher (chá) de missô vermelho
- 2 ovos grandes
- 1 colher (chá) de mostarda amarela
- molho inglês
- 80 g de cheddar inglês
- ½ colher (chá) de Marmite ou molho inglês
- 2 pães
- azeite

Modo de preparo

Descasque e pique as cebolas e o alho e leve-os a uma panela grande em fogo baixo com a manteiga e as folhas de louro. Junte a maior parte das folhas de tomilho, o vinagre balsâmico e a farinha e cozinhe, sem parar de mexer, por 30 minutos ou até ficar dourado-escuro e caramelizado. Adicione a sidra e deixe cozinhar, depois acrescente o caldo e a pasta de missô. Cozinhe em fogo brando por 25 minutos, mexendo sempre, e por fim tempere com sal marinho e pimenta-do-reino a gosto.

Preaqueça a grelha em temperatura alta. Quebre os ovos em uma tigela, acrescente a mostarda, um pouco de molho inglês, o queijo ralado e o Marmite. Bata tudo, depois abra os pães e passe a mistura neles. Salpique por cima o que restou das folhas de tomilho e um pouco de azeite. Quando a sopa estiver quase pronta, grelhe por 5 minutos ou até dourar e borbulhar.

Sirva em tigelas, com um croûton para cada um.

> Se você deixar a sopa um pouco mais líquida, ela funciona como um molho fantástico para acompanhar batatas assadas, por exemplo.

Para tornar o prato vegetariano, substitua por molho inglês sem anchovas.

CALORIAS	GORDURA	GORDURA SATURADA	PROTEÍNA	CARBOIDRATOS	AÇÚCARES	SAL	FIBRAS
454	18,6 g	9,4 g	18 g	47,7 g	18,7 g	1,4 g	6,4 g

GASPACHO DE PANZANELLA

VEGETAIS, MANJERICÃO FRESCO, PÃO E VINAGRE DE XEREZ

SERVE 4-8 | 10 MINUTOS

1 fatia de pão italiano de 4 cm de espessura

100 g de fava fresca ou congelada

200 g de ervilha fresca ou congelada

4 cebolinhas com bulbo

1-2 pimentas dedo-de-moça verdes

½ pepino

1 pimentão vermelho

½ dente de alho

250 g de tomate-cereja maduro

½ maço de manjericão fresco (15 g)

1 colher (sopa) de vinagre de xerez

azeite extravirgem

Passe rapidamente o pão sob água corrente e reserve. No copo do liquidificador (ou então em uma jarra grande), coloque um punhado de gelo, 200 ml de água, a fava, a ervilha, a cebolinha, a pimenta dedo-de-moça verde e o pepino, todos picados grosseiramente. Divida o trabalho em etapas, se necessário. Adicione também o pimentão sem sementes e cortado em tiras, o alho e os tomates. Por cima, ponha o pão e a maior parte do manjericão, depois regue com o vinagre e 2 colheres (sopa) de azeite. Bata até ficar homogêneo (se estiver fazendo em uma jarra, use o mixer), tempere com sal marinho e pimenta-do-reino a gosto e finalize com o restante das folhas de manjericão.

Adoro servir esta sopa com gomos de laranja sanguínea ou pedaços de melancia e um punhado a mais de ervilhas frescas.

> Você pode deixar todos os ingredientes preparados, mas, para garantir o máximo de sabor, só bata pouco antes de servir. Combina muito bem com um almoço de verão com os amigos!

CALORIAS	GORDURA	GORDURA SATURADA	PROTEÍNA	CARBOIDRATOS	AÇÚCARES	SAL	FIBRAS
165	7,4 g	1,1 g	7 g	18,4 g	7,9 g	0,2 g	6,5 g

TOSTEX DE QUEIJO AO ESTILO GREGO

DAMASCOS RECHEADOS COM FETA, ERVAS E MOLHINHO DE HALLOUMI

SERVE 1 | **15 MINUTOS**

¼ de cebola roxa

2 colheres (sopa) de vinagre de vinho tinto

20 g de queijo feta

6 damascos secos

30 g de queijo halloumi

2 fatias de pão de fermentação natural

6 azeitonas pretas

2 ramos de endro fresco

3 ramos de hortelã fresca

azeite

1 pedaço de 3 cm de pepino

2 colheres (sopa) de iogurte natural

¼ de limão-siciliano

Descasque a cebola e corte-a em fatias finas, depois transfira para uma tigela com uma pitada de sal marinho e o vinagre. Aperte e deixe até formar uma leve conserva.

Preaqueça uma frigideira antiaderente em fogo médio-alto. Corte o feta em 6 cubos, abra os damascos e os recheie com o queijo. Rale meio halloumi sobre as fatias de pão e então adicione a cebola escorrida. Cubra com os damascos recheados e com as azeitonas fatiadas. Pique o endro e a maior parte das folhas de hortelã. Rale por cima o resto do halloumi, depois cubra com a fatia restante de pão e pressione. Toste até ficar igualmente crocante e dourado, pincelando de leve os dois lados com azeite.

Enquanto isso, rale o pepino em uma tigela (descarte o miolo aguado), acrescente o iogurte e as folhas que sobraram de hortelã bem picadas, depois esprema o limão por cima e tempere com sal e pimenta-do-reino a gosto.

Corte o tostex ao meio e sirva com o molhinho.

> O combo fruta e queijo salgado é maravilhoso, então divirta-se! Você pode usar pêssego com mozarela, pera grelhada com queijo gorgonzola… deixe a imaginação correr solta.

CALORIAS	GORDURA	GORDURA SATURADA	PROTEÍNA	CARBOIDRATOS	AÇÚCARES	SAL	FIBRAS
539	19,3 g	9,6 g	22 g	68,7 g	33,1 g	3,1 g	8 g

SOPA DE AGRIÃO E ALHO-PORÓ
BAGUETE COM MOLHO DE RAIZ-FORTE E CREME DE LEITE FRESCO

SERVE 4 | 45 MINUTOS

1 cebola

2 dentes de alho

1 alho-poró grande

azeite

500 g de batata

1 litro de caldo de legumes

100 g de agrião

2 colheres (chá) de molho de raiz-forte

2 colheres (sopa) de creme de leite fresco

½ baguete

azeite extravirgem

Descasque e pique bem a cebola e o alho. Corte o alho-poró ao meio e depois pique grosseiramente em fatias e leve a uma panela grande em fogo médio-baixo com 2 colheres (sopa) de azeite. Deixe cozinhar com tampa por 20 minutos ou até amolecer, sem que ganhe cor, mexendo sempre e acrescentando um pouco de água se necessário.

Descasque as batatas, corte-as em cubos de 1 cm e leve à panela. Acrescente o caldo, tampe a panela e deixe ferver. Abaixe o fogo e cozinhe por 15 minutos ou até que as batatas estejam macias. Tempere com sal marinho e pimenta-do-reino a gosto e acrescente a maior parte do agrião. Bata um terço da sopa com o mixer (ou no liquidificador) e mexa.

Misture o molho de raiz-forte com o creme de leite fresco, depois corte a baguete em fatias finas (se ela não estiver fresquinha, é possível fazer torradas) e acrescente uma colherada em cada. Sirva sobre a sopa, com o restante do agrião. Finalize com um fio de azeite extravirgem e mais um pouco de pimenta-do-reino.

> Se quiser uma versão mais elegante e cremosa da sopa, você pode batê-la.

CALORIAS	GORDURA	GORDURA SATURADA	PROTEÍNA	CARBOIDRATOS	AÇÚCARES	SAL	FIBRAS
393	16,6 g	5,4 g	11 g	52,9 g	6,6 g	0,8 g	3,4 g

BAGUETE COM OMELETE
TOMATE, PIMENTA E QUEIJO DERRETIDO

SERVE 2 | 10 MINUTOS

1 baguete

160 g de tomate-cereja maduro

½-1 pimenta dedo-de-moça verde

azeite extravirgem

vinagre de vinho tinto

30 g de cheddar inglês

½ maço de cebolinha (15 g)

3 ovos grandes

1 pedaço de manteiga sem sal

1 colher (chá) de curry em pó

Corte a baguete ao meio e abra-a no sentido do comprimento (se preferir, esquente antes em fogo baixo). Pique os tomates-cereja em quatro e a pimenta dedo-de-moça verde em fatias finas. Passe tudo para uma tigela com uma pitada de sal marinho e de pimenta-do-reino e 1 colher (sopa) de azeite e 1 (sopa) de vinagre. Misture bem e reserve.

Rale o queijo, pique bem a cebolinha e bata os ovos. Leve uma frigideira antiaderente ao fogo alto e, após 1 minuto, acrescente metade da manteiga. Despeje os ovos na frigideira quente e mova-a rapidamente para cobrir todo o fundo. Acrescente metade do queijo e da cebolinha, depois metade do curry. Um minuto já deve ter passado, e o ovo já deve estar pronto. Incline a frigideira e use a espátula para enrolar rapidamente o omelete, em seguida use-o para rechear a baguete (você pode fatiá-la ou deixá-la inteira, se preferir). Por fim, decore com o tomate e a pimenta dedo-de-moça verde reservados. Repita o processo com o restante dos ingredientes.

> Quanto mais rápido você fizer o omelete, melhor — confie! O ideal é não deixar que escureça, mantendo uma coloração amarelo-clara e a textura macia e leve.

CALORIAS	GORDURA	GORDURA SATURADA	PROTEÍNA	CARBOIDRATOS	AÇÚCARES	SAL	FIBRAS
852	31,5 g	12,2 g	34 g	115,6 g	8,7 g	3,2 g	8 g

SANDUÍCHE DE PIZZA BRANCA DA SARDENHA

TOMATES SUCULENTOS, PESTO DE MANJERICÃO E AMÊNDOA, MOZARELA DE BÚFALA E PARMESÃO

SERVE 8 | **30 MINUTOS, MAIS O TEMPO NA GELADEIRA**

1 kg de tomate maduro

250 g de pizza branca (também chamada de pizza seca)

orégano seco

vinagre balsâmico

2 bolas (de 125 g cada) de mozarela de búfala

50 g de parmesão e mais um pouco para finalizar

1 maço de manjericão fresco (30 g)

½ dente de alho

50 g de amêndoas branqueadas

azeite extravirgem

¼ de limão-siciliano

Corte os tomates em fatias com menos de 1 cm de espessura. Forre uma fôrma redonda com filme plástico, deixando sobrar um pouco. Disponha uma camada de pizza branca (quebre, se necessário), depois cubra com uma camada de tomate. Tempere com sal marinho, pimenta-do-reino, orégano e um fio de vinagre balsâmico e em seguida disponha outra camada de pizza branca. Faça uma camada de mozarela, por fim uma camada fina de parmesão ralado. Repita até que os ingredientes acabem, finalizando com uma camada de pizza branca. Cubra com filme plástico e deixe na geladeira durante a noite.

Passe a maior parte das folhas de manjericão para um pilão, adicione uma pitada de sal e macere até obter uma pasta. Acrescente o alho e as amêndoas e macere bastante. Adicione 4 colheres (sopa) de azeite, rale fino 25 g de parmesão e esprema o limão-siciliano. Tempere a gosto.

Quando chegar a hora de comer, vire com cuidado o sanduíche em um prato, tirando o filme plástico. Adicione outra camada de parmesão ralado, o pesto e o restante das folhas de manjericão. Sirva em temperatura ambiente.

> Pizza branca não é tão fácil de achar, mas você pode encontrá-la em lojas de produtos italianos ou na internet.

Para tornar o prato vegetariano, troque o parmesão por um queijo duro sem coalho animal.

CALORIAS	GORDURA	GORDURA SATURADA	PROTEÍNA	CARBOIDRATOS	AÇÚCARES	SAL	FIBRAS
337	18,6 g	7 g	14,2 g	29,2 g	6,3 g	1,4 g	3,4 g

RECEITAS DE FORNO

PIZZA DE MASSA FOLHADA

VEGETAIS, ORÉGANO, MANJERICÃO, BALSÂMICO E MOZARELA DE BÚFALA

SERVE 4 | **1 HORA E 30 MINUTOS**

1 cebola roxa

1 pimentão amarelo

250 g de tomate-cereja maduro

1 abobrinha

4 ramos de orégano fresco

azeite

320 g de massa folhada

½ bola (60 g) de mozarela de búfala

2 ramos de manjericão fresco

vinagre balsâmico

Preaqueça o forno a 180°C. Descasque a cebola e corte em quatro, depois separe as pétalas e espalhe-as em uma assadeira de 25 × 35 cm. Pique grosseiramente o pimentão (desprezando as sementes) e a abobrinha, corte os tomates ao meio, separe as folhas de orégano e leve tudo à assadeira. Regue com 2 colheres (sopa) de azeite, tempere com sal marinho e pimenta-do-reino e asse por 50 minutos, mexendo na metade do tempo.

Tire do forno e junte tudo no meio da assadeira. Com cuidado, passe azeite nas laterais da fôrma e cubra os vegetais com a massa folhada, ajeitando-a nos cantos. Volte a assadeira ao forno por mais 30 minutos ou até dourar e inflar. Para soltar a massa folhada da assadeira, passe uma espátula nas laterais com bastante cuidado, depois vire em uma tábua. Salpique a mozarela de búfala e o manjericão e regue com o balsâmico.

Você pode servir com uma salada de espinafre.

> Dá para se divertir muito com esta receita usando vegetais diferentes, como berinjela, minicenoura, batata bolinha, aspargos e ervilha. Use a criatividade!

CALORIAS	GORDURA	GORDURA SATURADA	PROTEÍNA	CARBOIDRATOS	AÇÚCARES	SAL	FIBRAS
476	32 g	17 g	9,1 g	37,4 g	9,3 g	1 g	3,9 g

ARROZ MEDITERRÂNEO COM LEGUMES
MOLHO PESTO, TAPENADE DE AZEITONA, MOZARELA DE BÚFALA E MANJERICÃO

SERVE 4 | 45 MINUTOS

300 g de arroz basmati

1 cebola roxa pequena

1 abobrinha

4 tomates maduros

4 colheres (sopa) de molho pesto

azeite

8 azeitonas pretas

vinagre de vinho branco

azeite extravirgem

4 ramos de manjericão fresco

½ bola (60 g) de mozarela de búfala

Preaqueça o forno em temperatura alta. Coloque o arroz em uma assadeira de 25 × 35 cm (também pode ser uma fôrma redonda ou uma panela baixa que possa ir ao forno, como a da foto), despeje 650 ml de água fervente com sal e cozinhe em fogo médio por 12 minutos, mexendo de vez em quando. Enquanto isso, corte a cebola e a abobrinha em rodelas finas, usando uma mandolina (não deixe de usar a proteção!). Corte os tomates com a faca, também em rodelas finas.

Distribua colheradas de molho pesto (você pode comprá-lo pronto ou seguir a receita da p. 90) sobre o arroz e disponha os vegetais em camadas circulares: cubra a superfície com as rodelas de cebola, passe para as de abobrinha e, por último, as de tomate. Repita o processo, fazendo círculos cada vez menores (lendo parece complicado, mas é supersimples, como na foto ao lado). Regue com 2 colheres (sopa) de azeite e tempere com pimenta-do-reino, depois leve ao forno por 25 minutos ou até gratinar. Enquanto isso, para fazer a tapenade, pique bem as azeitonas, misture com ½ colher (sopa) de vinagre e ½ (sopa) de azeite extravirgem. Para servir, decore com as folhas de manjericão, a tapenade e a mozarela de búfala.

> Fazendo rodelas sempre da mesma espessura, você pode usar praticamente qualquer vegetal — minicenoura, funcho, berinjela, beterraba — e se divertir com as cores e as texturas.

Para tornar o prato vegetariano, use um pesto sem parmesão.

CALORIAS	GORDURA	GORDURA SATURADA	PROTEÍNA	CARBOIDRATOS	AÇÚCARES	SAL	FIBRAS
522	26,4 g	5,8 g	11,9 g	63,4 g	5,7 g	1,5 g	3,2 g

BATATAS E COGUMELOS AO FORNO
ALHO, CEBOLINHA, OVOS TRUFADOS, QUEIJOS COTTAGE E PARMESÃO

SERVE 4 | 1 HORA E 30 MINUTOS

750 g de batata

2 cebolas

3 dentes de alho

azeite

200 g de cogumelo-de-paris

200 g de shimeji preto

3 ovos grandes

1 maço de cebolinha (30 g)

150 g de queijo cottage

½ colher (chá) de azeite trufado

30 g de parmesão

Preaqueça o forno a 200°C. Corte as batatas (com a casca) e as cebolas em cunhas. Passe tudo para uma assadeira grande, adicione o alho amassado, regue com 1 colher (sopa) de azeite e tempere com sal marinho e pimenta-do-reino. Misture bem e leve para assar por 50 minutos ou até dourar levemente e cozinhar bem. Fatie grosseiramente os cogumelos, misture com 1 colher (sopa) de azeite e acrescente à assadeira nos últimos 20 minutos.

Enquanto as batatas estão no forno, bata os ovos até ficarem clarinhos e fofos, depois acrescente a cebolinha bem picada, o queijo cottage e o azeite trufado (uma quantidade mínima já faz toda a diferença — não exagere!). Quando os 50 minutos tiverem passado, despeje a mistura de ovos sobre os vegetais assados e rale parmesão por cima. Asse por mais 10 minutos ou até dourar bem.

Fica delicioso com salada de agrião temperada com limão-siciliano.

> Se você tem acesso a cogumelos diferentes, esta é a receita certa para usá-los, embora também fique deliciosa com os mais comuns.

Para tornar o prato vegetariano, troque o parmesão por um queijo duro sem coalho animal.

CALORIAS	GORDURA	GORDURA SATURADA	PROTEÍNA	CARBOIDRATOS	AÇÚCARES	SAL	FIBRAS
386	15,8 g	4,8 g	18 g	46,1 g	8,9 g	1,2 g	6,4 g

LEGUMES ASSADOS DELICIOSOS

TOMATE, CHIANTI, PORCINI, AZEITONA, ORÉGANO E FETA

SERVE 4 | 1 HORA E 45 MINUTOS

20 g de cogumelo porcini seco

400 g de abóbora

2 cenouras

2 cebolas roxas

2 talos de aipo

2 pimentões vermelhos

azeite

2 dentes de alho

10 azeitonas pretas

2 ramos de alecrim fresco

½ colher (chá) de pimenta calabresa em flocos

1 colher (chá) de orégano seco

250 ml de vinho tinto Chianti

800 g de tomate pelado

1 lata (400 g) de feijão-branco cozido

120 g de queijo feta

30 g de rúcula

1 limão-siciliano

Preaqueça o forno a 200°C. Cubra o cogumelo porcini com 100 ml de água fervente. Pique grosseiramente a cebola, a abóbora (com casca, mas sem sementes), a cenoura, o aipo e o pimentão (também sem sementes) e acomode tudo em uma assadeira grande, regando com 1 colher (sopa) de azeite. Adicione o alho bem picado, as azeitonas fatiadas e as folhas de alecrim. Tempere com uma pitada de sal marinho, pimenta-do-reino, a pimenta calabresa e o orégano, misture bem e asse por 40 minutos ou até que os vegetais estejam macios.

Depois que tirar do forno, despeje o vinho. Acrescente o tomate pelado, o feijão (com o líquido da conserva) e o porcini (também com o líquido), descartando os pedaços menores, se houver. Esfarele o feta por cima e leve a assadeira de volta ao forno por mais 40 minutos ou até que o molho engrosse. Tempere a rúcula com o sumo do limão-siciliano e espalhe sobre os legumes antes de servir.

> Esta receita fica deliciosa com pão de fermentação natural ou com grãos diferentes como acompanhamento (por exemplo, trigo para quibe, freekexh, quinoa, cuscuz marroquino ou arroz selvagem). Também é um ótimo recheio para tortas.

CALORIAS	GORDURA	GORDURA SATURADA	PROTEÍNA	CARBOIDRATOS	AÇÚCARES	SAL	FIBRAS
374	11,2 g	4,8 g	16,4 g	41,7 g	22,4 g	2,3 g	13,2 g

ASSADEIRA FLORENTINA

VEGETAIS ASSADOS E SALADA DE ESPINAFRE COM SUMO DE LIMÃO-SICILIANO

SERVE 4 | 1 HORA E 30 MINUTOS

Ingredientes	Modo de preparo

1 aipo-rábano

2 cebolas

500 g de batata

3 cenouras

1 maço de cebolinha (30 g)

azeite

1 colher (sopa) de mostarda à l'ancienne (com grãos inteiros)

4 ovos grandes

1 limão-siciliano

100 g de espinafre baby

azeite extravirgem

Preaqueça o forno a 220°C. Descasque e corte ao meio o aipo-rábano e as cebolas, lave a casca das batatas e das cenouras, depois corte em fatias finas (prefiro as cenouras em tiras) e leve a uma assadeira grande. Pique bem a cebolinha, espalhe por cima e então tempere com uma pitada de sal marinho e pimenta-do-reino. Regue com 2 colheres (sopa) de azeite, adicione a mostarda, misture e distribua tudo de maneira uniforme pela fôrma. Cubra com papel-alumínio e asse por 1 hora, depois tire o alumínio e asse por mais 10 minutos ou até dourar bem.

Tire do forno e abra 4 buracos no meio dos vegetais (chegando ao fundo da assadeira, se possível). Quebre ali os ovos e tempere com um pouco de sal e pimenta-do-reino, depois devolva ao forno por 3 minutos ou até que os ovos estejam do seu gosto. Esprema o limão-siciliano sobre o espinafre, regue com 1 colher (sopa) de azeite extravirgem e sirva como acompanhamento.

> Esta receita também fica deliciosa com beterraba.

CALORIAS	GORDURA	GORDURA SATURADA	PROTEÍNA	CARBOIDRATOS	AÇÚCARES	SAL	FIBRAS
345	16,1 g	3 g	13,1 g	39,7 g	13,9 g	1,4 g	10,8 g

FLOR DE ABOBRINHA RECHEADA COM ERVILHA E RICOTA

TOMATE-CEREJA, AZEITONA, HORTELÃ, LIMÃO-SICILIANO E ARROZ

SERVE 4 | 45 MINUTOS

4 ramos de hortelã fresca

150 g de ervilha congelada ou fresca

100 g de ricota

50 g de cheddar inglês

1 limão-siciliano

8 miniabobrinhas, com a flor

400 g de tomate-cereja maduro

4 cebolinhas com bulbo

8 azeitonas pretas

1 pimenta dedo-de-moça

2 dentes de alho

azeite

vinagre de vinho tinto

300 g de arroz basmati

Preaqueça o forno a 200°C. No processador de alimentos, acrescente as folhas de hortelã, as ervilhas, a ricota, o cheddar, raspas e o sumo do limão-siciliano, uma pitada de pimenta-do-reino e bata até ficar homogêneo. Prove e acerte o tempero se necessário. Recheie com cuidado cada flor de abobrinha com a mistura, depois pressione as pétalas para fechá-las.

Corte os tomates e as azeitonas ao meio, pique a cebolinha e fatie grosseiramente a pimenta dedo-de-moça e o alho. Passe tudo para uma assadeira de 25 × 35 cm, regue com 2 colheres (sopa) de azeite e 2 (sopa) de vinagre e tempere com pimenta-do-reino. Adicione o arroz e 700 ml de água fervente, leve à boca do fogão e deixe ferver, mexendo de vez em quando. Disponha as abobrinhas com cuidado sobre o arroz e asse na parte de baixo do forno por 20 minutos ou até dourar bem.

Fica delicioso com uma salada e uma taça de vinho seco branco gelado.

> Se não conseguir comprar abobrinhas com flores, compre as comuns, retire o miolo com uma colher e recheie.

CALORIAS	GORDURA	GORDURA SATURADA	PROTEÍNA	CARBOIDRATOS	AÇÚCARES	SAL	FIBRAS
494	16 g	6 g	18,4 g	75 g	5,6 g	0,5 g	5,5 g

HASSELBACK AO FORNO
RAÍZES E TUBÉRCULOS, ESPINAFRE MURCHO, LENTILHA E IOGURTE

SERVE 4 | 1 HORA E 50 MINUTOS

1 pastinaca grande

½ abóbora (600 g)

1 cebola

2 beterrabas

4 cenouras

4 batatas

2 dentes de alho

½ maço de tomilho fresco (15 g)

azeite

2 colheres (sopa) de vinagre de vinho branco

100 ml de vinho tinto Chianti

2 latas (800 g) de lentilha cozida

100 g de espinafre baby

4 colheres (sopa) de iogurte natural

Preaqueça o forno a 200°C. Lave a casca ou descasque todos os vegetais. Corte a pastinaca, a abóbora e a cebola em quatro e as beterrabas ao meio. Procure escolher cenouras e batatas de tamanho médio, mas use o bom senso e corte as maiores ao meio. Um de cada vez, coloque o vegetal sobre uma tábua, apoie duas colheres de madeira nas extremidades (de modo que os cabos impeçam que a faca vá até o fim) e, com cuidado, faça cortes com intervalos de apenas 0,5 cm. Transfira tudo para uma assadeira grande.

Em um pilão, acrescente o alho descascado, as folhas de tomilho, 6 colheres (sopa) de azeite, o vinagre, uma pitada de sal e pimenta-do-reino e macere até formar uma pasta. Misture bem com os vegetais e leve para assar por 1 hora ou até dourar e caramelizar, virando na metade do tempo. Transfira todos os vegetais para uma tábua e coloque a assadeira na boca do fogão, em fogo médio. Despeje o vinho e deixe ferver e reduzir, raspando os pedacinhos caramelizados que ficaram no fundo. Adicione a lentilha (com o líquido da conserva) e o espinafre, depois mexa até que o líquido tenha engrossado e as folhas tenham murchado. Tempere com sal e pimenta-do-reino a gosto, adicione o iogurte e leve à mesa com a tábua de vegetais.

Fica delicioso servido com o restante da garrafa de Chianti.

> Você pode substituir a lentilha por feijão borlotti, feijão-manteiga, feijão-branco ou até mesmo grão-de-bico, e o resultado vai ser igualmente delicioso. Experimente!

CALORIAS	GORDURA	GORDURA SATURADA	PROTEÍNA	CARBOIDRATOS	AÇÚCARES	SAL	FIBRAS
584	22,6 g	4 g	16,8 g	78 g	23,1 g	0,8 g	18 g

PIMENTÃO RECHEADO
RECHEIO APIMENTADO DE BATATA, QUEIJO E PISTACHE

SERVE 4 | 1 HORA E 35 MINUTOS

500 g de batata

2 batatas-doces (250 g cada)

1 cebola roxa

4 dentes de alho

1 pimenta dedo-de-moça

1 pedaço grande de manteiga sem sal

1 colher (chá) de cominho em grãos

¼ de colher (chá) de cravo-da-índia em pó

2 colheres (chá) de extrato de tomate

½ maço de coentro fresco (15 g)

2 pimentões vermelhos

2 pimentões amarelos

vinagre de vinho tinto

60 g de queijo paneer ou feta

20 g de pistache descascado sem sal

Lave a casca das batatas e das batatas-doces, depois corte-as em pedaços de 2 cm e leve a uma assadeira grande na boca do fogão, em fogo médio. Cubra com água fervente, salgue e deixe cozinhar por 15 minutos ou até ficarem macios, mexendo de vez em quando. Ao final, escorra a água e reserve as batatas.

Preaqueça o forno a 180°C. Descasque e pique grosseiramente a cebola e o alho e corte a pimenta dedo-de-moça em fatias finas. Devolva a assadeira à boca do fogão em fogo médio, adicione a manteiga, a cebola, o alho, a pimenta dedo-de-moça, o cominho, o cravo, o extrato de tomate e uma boa pitada de sal marinho e pimenta-do-reino e deixe cozinhar por 3 minutos, mexendo sempre. Por fim, acrescente as batatas e o coentro bem picadinho, misture e amasse tudo.

Com cuidado, corte os pimentões ao meio no sentido do comprimento (despreze as sementes) e passe um pouco de vinagre e sal na parte interna. Divida o recheio entre os pimentões, coloque-os em uma assadeira e leve ao forno por 1 hora ou até que estejam macios, doces e lindamente murchos. Nos últimos 5 minutos, cubra com o queijo ralado. Macere os pistaches no pilão até obter uma farofinha.

Sirva meio pimentão amarelo e meio vermelho em cada prato e salpique o pistache e as folhas de coentro restantes. Só assim já é uma refeição ótima, mas como acompanhamento de um curry fica divino.

> Gosto de montar tudo no dia anterior e assar só na hora de comer. O recheio funciona bem com outros vegetais, como abobrinha ou berinjela.

CALORIAS	GORDURA	GORDURA SATURADA	PROTEÍNA	CARBOIDRATOS	AÇÚCARES	SAL	FIBRAS
389	11,9 g	5,5 g	11,8 g	62,5 g	19,9 g	1,2 g	5,9 g

ARROZ E NOODLES

RISOTO DE TOMATE ASSADO
FUNCHO, TOMILHO CROCANTE, ALHO, VERMUTE E PARMESÃO

SERVE 6 | 1 HORA

6 tomates grandes e maduros

1 cabeça de alho

½ maço de tomilho fresco (15 g)

azeite

1,2 litro de caldo de legumes

1 cebola

1 bulbo de funcho

2 pedaços de manteiga sem sal

450 g de arroz arbóreo

150 ml de vermute branco seco

80 g de parmesão

Preaqueça o forno a 180°C. Tire o miolo dos tomates com uma faca, coloque-os em uma assadeira com o lado cortado virado para baixo e adicione a cabeça de alho inteira e os ramos de tomilho. Regue com 1 colher (sopa) de azeite, tempere com sal marinho e asse por 1 hora ou até que os tomates comecem a desmanchar (o líquido que fica na assadeira vai ser usado depois, para dar um sabor especial).

Leve o caldo de legumes para ferver. Pique bem a cebola e o funcho (reservando as folhas, se houver), depois leve a uma panela grande e alta em fogo médio com 1 colher (sopa) de azeite e 1 pedaço de manteiga. Cozinhe por 10 minutos ou até amolecer, mas sem deixar pegar cor, mexendo de vez em quando, em seguida refogue o arroz por 2 minutos. Despeje o vermute e mexa até que seja absorvido. Acrescente uma concha de caldo e espere que o líquido seja absorvido totalmente antes de adicionar mais uma, mexendo sempre. Vá incorporando o caldo até cozinhar o arroz — deve levar de 16 a 18 minutos. Acrescente o outro pedaço de manteiga e o parmesão ralado, mexa bem, acerte o tempero e desligue o fogo. Tampe a panela e deixe descansar por 2 minutos, para que o risoto fique cremoso.

Divida o risoto entre os pratos e coloque um tomate no meio, com um pouco do alho e as folhinhas do funcho, depois regue com o líquido do tomate que ficou na assadeira.

> Quando assado, o alho fica macio e confere um sabor delicioso ao risoto.

Para tornar o prato vegetariano, troque o parmesão por um queijo duro sem coalho animal.

CALORIAS	GORDURA	GORDURA SATURADA	PROTEÍNA	CARBOIDRATOS	AÇÚCARES	SAL	FIBRAS
507	15,3 g	6,9 g	13,6 g	77,7 g	7,6 g	0,7 g	5,3 g

FRITADA AGRIDOCE
PÊSSEGO, VEGETAIS COLORIDOS, PAK-CHOI E BIFUM

SERVE 4 | 20 MINUTOS

1 colher (sopa) de extrato de tomate

1 colher (sopa) de amido de milho

1 colher (sopa) de vinagre de vinho branco

shoyu light

1 colher (chá) de 5 especiarias chinesas (anis-estrelado, cravo, canela, semente de erva-doce e pimenta fagara)

410 g de pêssego em calda sem adição de açúcar

1 cebola roxa

2 pimentões de cores variadas

1 cenoura

4 dentes de alho

1 pedaço de 4 cm de gengibre

1 pimenta dedo-de-moça

azeite

150 g de ervilha congelada

1 pak-choi

200 g de bifum

opcional: 2 colheres (sopa) de gergelim

Em uma tigela, misture o extrato de tomate com o amido de milho e acrescente o vinagre, 1 colher (sopa) de shoyu e as 5 especiarias chinesas. Separe os pêssegos e adicione a calda, misturando bem. Leve uma frigideira antiaderente grande ou uma wok ao fogo alto. Corte em fatias finas a cebola, o pimentão (desprezando as sementes) e a cenoura e vá acrescentando à frigideira. Salteie por 5 minutos ou até tostar ligeiramente, mexendo de vez em quando. Pique o alho, o gengibre e a pimenta dedo-de-moça e acrescente à frigideira, com 1 colher (sopa) de azeite. Frite por 2 minutos, depois acrescente o molho. Adicione os pêssegos picados grosseiramente, as ervilhas e o pak-choi cortado em oito. Misture bem e tempere a gosto com shoyu e pimenta-do-reino. Abaixe o fogo.

Cozinhe o bifum de acordo com as instruções da embalagem e escorra, reservando uma xícara da água do cozimento. Se for usar o gergelim, toste (sem óleo) até dourar em uma frigideira. Se necessário, acerte a consistência do molho com um pouco da água reservada e sirva com o bifum e o gergelim.

No lugar do bifum, também fica delicioso com arroz ou pãozinho chinês cozido no vapor.

> Usei pêssegos nesta receita porque adoro o sabor, mas ela funciona muito bem com damasco ou abacaxi em calda.

CALORIAS	GORDURA	GORDURA SATURADA	PROTEÍNA	CARBOIDRATOS	AÇÚCARES	SAL	FIBRAS
351	6,9 g	1,1 g	8,1 g	63,8 g	16,6 g	0,1 g	7 g

ARROZ DE ABÓBORA

TOMATE-CEREJA, FEIJÃO-MANTEIGA E QUIABO

SERVE 6 | 50 MINUTOS

400 g de abóbora	Tire a casca e as sementes da abóbora e corte-a em pedaços de 2 cm. Despeje 800 ml de água fervente e salgada em uma panela grande em fogo médio-alto, acrescente o leite de coco e deixe apurar um pouco, depois adicione a abóbora e os grãos de pimenta-da-jamaica. Amasse os bulbos da cebolinha com a mão, corte-os ao meio e acrescente à panela com metade do tomilho e as pimentas scotch bonnet inteiras (elas não podem ter buracos ou machucados). Pique grosseiramente o repolho chinês, descartando o miolo, e adicione à panela com ½ colher (chá) de sal marinho e ½ (chá) de pimenta-do-reino. Cozinhe tampado por 10 minutos e acrescente o arroz já lavado. Volte a tampar, abaixe o fogo e cozinhe por mais 12 minutos ou até que toda a água tenha sido absorvida. Desligue o fogo e deixe terminar de cozinhar no vapor.

100 ml de leite de coco

4 grãos de pimenta-da-jamaica

4 cebolinhas com bulbo

½ maço de tomilho fresco (15 g)

2 pimentas scotch bonnet ou malaguetas

½ repolho chinês (400 g)

450 g de arroz basmati

2 dentes de alho

1 cebola

azeite

200 g de tomate-cereja maduro

200 g de quiabo

700 g de feijão-manteiga cozido

Enquanto isso, corte o alho em fatias finas, pique grosseiramente a cebola e leve ambos a uma frigideira antiaderente grande em fogo médio, com 2 colheres (sopa) de azeite. Refogue por 5 minutos. Tire as pimentas inteiras do arroz, descarte as sementes com cuidado, fatie e acrescente metade à frigideira (fique à vontade para acrescentar mais depois e lembre-se de limpar bem a faca, a tábua e as mãos). Incorpore os tomatinhos e os quiabos cortados ao meio e o restante das folhas de tomilho. Tampe e cozinhe por 8 minutos, mexendo de vez em quando, depois inclua o feijão-manteiga (com o líquido da conserva) e deixe esquentar por alguns minutos. Separe o arroz com o garfo e amasse um pouco a abóbora. Sirva com o feijão, temperando tudo a gosto.

> Se não encontrar o repolho chinês, use o comum. Também funciona bem com couve-de-bruxelas ou couve kale.

CALORIAS	GORDURA	GORDURA SATURADA	PROTEÍNA	CARBOIDRATOS	AÇÚCARES	SAL	FIBRAS
513	12,1 g	6 g	16,8 g	89,9 g	10,1 g	0,4 g	10 g

RISOTO DE COGUMELOS
MASCARPONE CREMOSO E SALSINHA

SERVE 6 | 1 HORA

2 cebolas

2 dentes de alho

3 talos de aipo

azeite

2 pedaços de manteiga sem sal

500 g de mix de cogumelos

1 limão-siciliano

azeite extravirgem

1,2 litro de caldo de legumes

4 ramos de alecrim fresco

450 g de arroz arbóreo

175 ml de vinho branco

80 g de parmesão e mais um pouco para finalizar

½ maço de salsinha fresca (15 g)

4 colheres (sopa) de queijo mascarpone

Pique bem a cebola, o alho e o aipo, depois leve a uma panela grande em fogo médio com 1 colher (sopa) de azeite e um pedaço de manteiga. Cozinhe por 10 minutos ou até amolecer, mas sem deixar pegar cor, mexendo de vez em quando. Enquanto isso, apare os talos dos cogumelos, fatiando os maiores, e salteie em uma frigideira antiaderente grande em fogo médio, até chamuscar — vá fazendo em etapas. Desligue o fogo e tempere com sumo de limão-siciliano, 2 colheres (sopa) de azeite extravirgem, uma pitada de sal marinho e pimenta-do-reino. Separe metade dos cogumelos e pique fino, reservando a outra metade.

Leve o caldo para ferver, adicionando o alecrim. Misture o arroz aos vegetais picados e refogue por 2 minutos. Despeje o vinho e mexa até absorver. Adicione os cogumelos picados e uma concha de caldo (sempre sem o alecrim) e espere que o líquido seja absorvido totalmente antes de adicionar mais uma, mexendo sempre. Vá incorporando o caldo até cozinhar o arroz — deve levar de 16 a 18 minutos. Acrescente um pedaço de manteiga e o parmesão ralado, mexa bem, depois acerte o sal e a pimenta-do-reino e desligue o fogo. Tampe a panela e deixe descansar por 2 minutos, para que o risoto fique cremoso.

Enquanto isso, amasse as folhas de salsinha no pilão com uma boa pitada de sal. Adicione o mascarpone, afinando um pouco com água, se necessário. Distribua o risoto em pratos, adicione colheradas do mascarpone com salsinha e cubra com o restante dos cogumelos, regando com o líquido que sobrou deles. Finalize com parmesão ralado.

Para tornar o prato vegetariano, troque o parmesão por um queijo duro sem coalho animal.

CALORIAS	GORDURA	GORDURA SATURADA	PROTEÍNA	CARBOIDRATOS	AÇÚCARES	SAL	FIBRAS
577	26 g	13 g	14,1 g	71,5 g	6,4 g	1,1 g	2,8 g

PAD THAI VEGETARIANO

OVOS FRITOS, MOLHO DE TAMARINDO COM TOFU E FAROFINHA DE AMENDOIM

SERVE 2 | 30 MINUTOS

150 g de macarrão de arroz

óleo de gergelim

20 g de amendoim sem sal

2 dentes de alho

80 g de tofu kinugoshi (extramacio)

shoyu light

2 colheres (chá) de pasta de tamarindo

2 colheres (chá) de molho de pimenta agridoce (sweet chili sauce)

2 limões

1 chalota

320 g de vegetais crocantes, como aspargos, brócolis, pak-choi, minimilho

80 g de broto de feijão

2 ovos grandes

azeite

pimenta calabresa em flocos

½ alface-romana

½ maço de ervas mistas, como manjericão fresco, hortelã e coentro (15 g)

Cozinhe o macarrão de arroz de acordo com as instruções da embalagem, escorra, resfrie na água corrente e misture 1 colher (chá) de óleo de gergelim. Toste os amendoins em uma frigideira antiaderente grande sem óleo em fogo médio até dourar, depois macere no pilão até obter uma farofinha e transfira para uma tigela. Amasse no pilão o tofu e o alho até obter uma pasta, depois acrescente 1 colher (chá) de óleo de gergelim, 1 colher (sopa) de shoyu, a pasta de tamarindo, o molho de pimenta e o sumo de meio limão.

Corte a chalota em rodelas finas e leve a uma frigideira em fogo alto. Acrescente os vegetais crocantes fatiados, depois salteie por 4 minutos ou até ficarem levemente chamuscados (para dar um sabor defumado). Acrescente o macarrão, o molho, o broto de feijão e um pouco de água, misture e aqueça por 1 minuto, depois distribua em tigelas para servir.

Limpe a frigideira, adicione um pouco de azeite, quebre os ovos e frite como gostar, adicionando um toque de pimenta calabresa. Apare o talo da alface, separe as folhas e coloque algumas em cada tigela. Ponha os ovos por cima e polvilhe as ervas e a farofinha de amendoim. Sirva com mais shoyu e fatias de limão, para espremer por cima.

Para tornar o prato vegano, tire os ovos e sirva com tofu marinado em shoyu e sumo de limão.

CALORIAS	GORDURA	GORDURA SATURADA	PROTEÍNA	CARBOIDRATOS	AÇÚCARES	SAL	FIBRAS
593	19 g	3,8 g	26,4 g	83,5 g	10,7 g	1,3 g	8,3 g

ARROZ AO ESTILO PERSA

CROSTA DE AÇAFRÃO, ERVAS, ROMÃ E PISTACHE

SERVE 6 | 50 MINUTOS, MAIS O TEMPO DE ESFRIAR

---

1 pitada de açafrão em estigmas

450 g de arroz basmati

3 bagas de cardamomo

1 batata

azeite

1 cebola roxa

1 maço grande de ervas frescas, como endro, salsinha e hortelã (60 g)

20 g de pistache descascado sem sal

1 romã

6 colheres (sopa) de iogurte natural

azeite extravirgem

opcional: harissa rosa

Coloque o açafrão em uma tigela, cubra com 75 ml de água fervente e reserve. Cozinhe o arroz por 7 minutos em uma panela com água com sal, adicione o cardamomo triturado, depois escorra e espalhe em uma assadeira grande para esfriar. Tempere com uma pitada generosa de sal e pimenta-do-reino e divida em 4 porções, descartando o cardamomo.

Fatie a batata (com casca) em rodelas de 1 cm de espessura. Regue uma frigideira funda antiaderente de 26 cm com 1 colher (sopa) de azeite, acrescente a batata em uma única camada e leve ao fogo médio-baixo. Misture o primeiro monte de arroz com metade da água do açafrão, depois adicione à frigideira e aperte com cuidado para formar uma camada uniforme. Acrescente o segundo monte de arroz e faça uma nova camada com a cebola cortada em fatias bem finas. Em seguida, acrescente o terceiro monte de arroz, depois as folhas das ervas bem picadas e o restante do arroz, regando com o que sobrou da água do açafrão. Pegue um prato um pouco menor que a panela, coloque por cima e faça pressão, para compactar. Tampe, abaixe o fogo e cozinhe por 20 minutos ou até ficar dourado e crocante. Enquanto isso, macere grosseiramente o pistache no pilão. Corte a romã ao meio e, com o interior virado para baixo, bata nas costas de cada metade com uma colher até que todas as sementes caiam.

Com firmeza, vire o arroz em uma travessa, cubra com o iogurte, as sementes de romã, o restante das ervas, um fio de azeite extravirgem e o pistache. Fica absolutamente delicioso com um pouco de harissa, se for do seu gosto.

É muito divertido fazer as camadas de arroz. Sinta-se livre para misturar ervas e até trocar a romã por pêssego grelhado, damasco ou figo. Fica muito bom!

CALORIAS	GORDURA	GORDURA SATURADA	PROTEÍNA	CARBOIDRATOS	AÇÚCARES	SAL	FIBRAS
338	5,9 g	1,3 g	8,6 g	66,6 g	4,7 g	0,7 g	2,6 g

MACARRÃO DE ARROZ AO ESTILO MALAIO

MINIMILHO, ERVILHA-TORTA, TOFU, LIMÃO E AMENDOIM

SERVE 4 | 35 MINUTOS

1 batata

2 chalotas

azeite

½ colher (chá) de cúrcuma em pó

2 colheres (chá) de curry em pó

2 folhas frescas de limão kaffir

2 dentes de alho

1 pedaço de 2 cm de gengibre

2 pimentas dedo-de-moça

2 talos de capim-limão

200 g de tofu extramacio

200 g de minimilho

400 ml de leite de coco light

200 g de ervilha-torta

shoyu light

2 limões

20 g de amendoim sem sal

200 g de macarrão de arroz

Pique a batata (com casca) e as chalotas em cubos de 1 cm e leve a uma panela antiaderente grande com 1 colher (sopa) de azeite. Adicione a cúrcuma e o curry e cozinhe em fogo médio-baixo por 20 minutos ou até dourar de leve, mexendo de vez em quando. Pique grosseiramente o alho e o gengibre, fatie fino a pimenta e o capim-limão, depois junte tudo no pilão com as folhas de limão kaffir e macere até formar uma pasta. Incorpore à panela e cozinhe por 5 minutos, mexendo sempre. Acrescente o tofu cortado em pedaços médios, o milho e por último o leite de coco. Deixe ferver, adicione a ervilha-torta e tempere com shoyu e sumo de limão a gosto.

Pique grosseiramente o amendoim. Cozinhe o macarrão de arroz de acordo com as instruções da embalagem, escorra e distribua em 4 tigelas. Ponha por cima os vegetais e o molho, polvilhe o amendoim e sirva com fatias de limão, para espremer por cima.

> Às vezes, antes de servir, misturo o amendoim ao macarrão com raspas de limão. Fica mais crocante!

CALORIAS	GORDURA	GORDURA SATURADA	PROTEÍNA	CARBOIDRATOS	AÇÚCARES	SAL	FIBRAS
455	15,5 g	6,5 g	13,7 g	63,4 g	6,8 g	0,1 g	2 g

LÁMEN RÁPIDO COM COGUMELOS
PICLES DE CENOURA E GENGIBRE, CEBOLINHA E GERGELIM

SERVE 4 | 20 MINUTOS

4 dentes de alho

1 pedaço de 4 cm de gengibre

óleo de amendoim

30 g de cogumelo porcini seco

1 cenoura

1 pimenta dedo-de-moça

1 colher (chá) de gengibre em conserva

2 cebolinhas com bulbo

2 colheres (sopa) de missô vermelho

shoyu light

200 g de macarrão para yakissoba

2 pak-chois

250 g de mix de cogumelos

1 colher (sopa) de gergelim

Corte o alho e o gengibre em fatias finas e leve a uma panela grande em fogo alto com 1 colher (sopa) de azeite. Refogue por 2 minutos, adicione o porcini e 1,5 litro de água fervente, tampe e deixe cozinhar em fogo baixo por 10 minutos. Enquanto isso, rale a cenoura (com a casca) e a pimenta dedo-de-moça e misture com o gengibre em conserva. Corte em fatias finas e reserve.

Ao fim dos 10 minutos, adicione a pasta de missô e 2 colheres (sopa) de shoyu ao caldo. Cozinhe o macarrão de acordo com as instruções da embalagem, escorra e distribua em tigelas. Tempere o caldo com shoyu e pimenta-do-reino a gosto, depois corte o pak-choi ao meio ou em quatro e misture aos cogumelos (que podem ser picados, fatiados ou mantidos inteiros) por 1 minuto, para que mantenham a firmeza. Divida os vegetais entre as tigelas, acrescente o caldo quente e sirva com o picles, a cebolinha e o gergelim. Fica delicioso com limão espremido.

> Vegetais delicados como ervilha-torta, acelga ou minimilho em geral caem bem com este lámen.

CALORIAS	GORDURA	GORDURA SATURADA	PROTEÍNA	CARBOIDRATOS	AÇÚCARES	SAL	FIBRAS
301	7,4 g	1,2 g	13,4 g	47,9 g	4,2 g	2,8 g	3,5 g

MASSAS

MAC & CHEESE VERDE
ALHO-PORÓ, BRÓCOLIS, ESPINAFRE E AMÊNDOAS TOSTADAS

SERVE 6 | 1 HORA

1 alho-poró grande

3 dentes de alho

400 g de brócolis

40 g de manteiga sem sal

½ maço de tomilho fresco (15 g)

2 colheres (sopa) de farinha de trigo

1 litro de leite semidesnatado

450 g de macarrão caracolino

30 g de parmesão

150 g de cheddar inglês

100 g de espinafre baby

50 g de amêndoas laminadas

Preaqueça o forno a 180°C. Apare as extremidades do alho-poró, descasque o alho e corte tudo em fatias finas, assim como os talos de brócolis, reservando os floretes para mais tarde. Em uma panela grande em fogo médio, adicione a manteiga, os vegetais e as folhas de tomilho e cozinhe por 15 minutos ou até amolecerem, mexendo sempre. Acrescente a farinha e incorpore o leite lentamente, deixando cozinhar por 10 minutos ou até engrossar, sem parar de mexer. Enquanto isso, cozinhe o macarrão em uma panela grande com água fervente e salgada por 5 minutos, depois escorra.

Adicione ao molho o parmesão ralado e a maior parte do cheddar também ralado e misture bem. Leve ao liquidificador, acrescente o espinafre e bata até ficar homogêneo — talvez seja necessário dividir em etapas. Tempere a gosto com sal marinho e pimenta-do-reino, em seguida misture com o macarrão e os floretes de brócolis, afinando com um pouco de leite se necessário. Transfira para uma assadeira de 25 × 35 cm, rale o restante do cheddar por cima e salpique as amêndoas. Asse por 30 minutos ou até ficar bem dourado e borbulhante.

> Troque o espinafre por qualquer outra folha ou legume verde congelado, descartando os talos mais fibrosos. Às vezes coloco farinha de rosca por cima para ficar ainda mais crocante. É uma delícia!

Para tornar o prato vegetariano, troque o parmesão por um queijo duro sem coalho animal.

CALORIAS	GORDURA	GORDURA SATURADA	PROTEÍNA	CARBOIDRATOS	AÇÚCARES	SAL	FIBRAS
619	25,1 g	12,4 g	29 g	75,1 g	12 g	0,9 g	6,4 g

CARBONARA COM ALHO-PORÓ

TOMILHO FRESCO, ALHO, PIMENTA E PARMESÃO

SERVE 4 | 50 MINUTOS

2 alhos-porós

4 dentes de alho

4 ramos de tomilho fresco

1 pedaço de manteiga sem sal

azeite

300 g de espaguete seco

50 g de parmesão ou pecorino e mais um pouco para finalizar

1 ovo grande

Pique bem o alho, separe as folhas de tomilho e leve tudo a uma panela grande com a manteiga e 1 colher (sopa) de azeite em fogo médio-alto. Quando começar a fazer barulho, adicione o alho-poró cortado em fatias finas e 400 ml de água, depois tampe e deixe cozinhar em fogo baixo por 40 minutos ou até ficar macio, mexendo de vez em quando. Tempere com sal e pimenta-do-reino.

Quando o alho-poró estiver quase pronto, cozinhe o espaguete em uma panela grande com água fervente e salgada, de acordo com as instruções da embalagem, depois escorra, reservando uma xícara da água do cozimento. Adicione a massa à panela do alho-poró, tire do fogo e espere 2 minutos, até que esfrie um pouco (se a panela estiver quente demais, o molho vai ficar parecendo ovo mexido; se der tudo certo, fica suave, aveludado, delicioso e elegante). Enquanto isso, bata o ovo, rale o queijo e misture.

Afine um pouco a mistura de ovo com a água do cozimento reservada e incorpore à massa, mexendo vigorosamente (o ovo vai cozinhar no calor residual). Tempere a gosto, caprichando na pimenta-do-reino. Acerte a consistência com um pouco mais de água do cozimento, se necessário, e finalize com um toque de queijo.

Fica fantástico acompanhado de uma taça de vinho branco italiano gelado.

> Muitas vezes eu aproveito para triplicar a quantidade de alho-poró e congelar para uma refeição rápida outro dia.

Para tornar o prato vegetariano, troque o parmesão ou o pecorino por um queijo duro sem coalho animal.

CALORIAS	GORDURA	GORDURA SATURADA	PROTEÍNA	CARBOIDRATOS	AÇÚCARES	SAL	FIBRAS
418	14,4 g	6 g	17 g	58,9 g	4,4 g	0,8 g	2,3 g

TORRADAS COM MACARRÃO

MOLHO DE TOMATE COM VEGETAIS, QUEIJO DERRETIDO E MANJERICÃO

SERVE 4 | 55 MINUTOS

azeite

1 cebola roxa

1 pimentão vermelho

1 abobrinha

1 talo de aipo

4 dentes de alho

800 g de tomate pelado

1 colher (sopa) de vinagre balsâmico

150 g de massa seca sortida

1 maço de manjericão fresco (30 g)

azeite extravirgem

4 fatias grossas de pão integral

75 g de cheddar inglês

Leve uma frigideira antiaderente grande ao fogo médio com 1 colher (sopa) de azeite. Pique grosseiramente a cebola, o pimentão (desprezando as sementes), a abobrinha e o aipo e vá acrescentando à panela. Adicione o alho bem picadinho e cozinhe por 20 minutos, mexendo sempre. Incorpore o tomate pelado, 200 ml de água e o vinagre balsâmico. Deixe engrossar por 20 minutos ou até reduzir e tempere a gosto com sal e pimenta-do-reino.

Enquanto isso, preaqueça o forno em temperatura alta. Cozinhe o macarrão em uma panela grande com água fervente e salgada, de acordo com as instruções da embalagem (se for usar diversos tipos de massa com tempo de cozimento diferente, vá adicionando aos poucos, conforme a indicação do pacote), depois escorra e misture ao molho. Separe a maior parte das folhas de manjericão e leve ao pilão com uma pitada de sal, amassando até formar uma pasta, em seguida acrescente 2 colheres (sopa) de azeite extravirgem.

Toste o pão de um lado, vire e jogue o cheddar ralado por cima. Leve ao forno até o queijo gratinar, depois disponha o macarrão, a pasta de manjericão e finalize com as folhas. Fica muito gostoso!

> Prefiro deixar o molho pedaçudo, mas se você achar que as pessoas vão fazer muita sujeira (isso não vale só para as crianças!) pode bater no liquidificador até ficar homogêneo.

CALORIAS	GORDURA	GORDURA SATURADA	PROTEÍNA	CARBOIDRATOS	AÇÚCARES	SAL	FIBRAS
478	18 g	5,8 g	18 g	65 g	16,2 g	1,7 g	8 g

LASANHA VEGANA

CAMADAS DE MASSA, RAGU DE TOMATE E CHIANTI, MOLHO CREMOSO DE COGUMELOS

SERVE 6 | 3 HORAS

2 cebolas roxas

2 dentes de alho

2 cenouras

2 talos de aipo

2 ramos de alecrim fresco

azeite

1 colher (chá) de pimenta calabresa em flocos

100 ml de vinho Chianti vegano

1 lata (400 g) de lentilha cozida

800 g de tomate pelado

1 kg de cogumelo silvestre

4 colheres (sopa) de farinha de trigo

800 ml de leite de amêndoas

70 g de cheddar inglês vegano

300 g de massa de lasanha seca vegana

½ maço de sálvia fresca (15 g)

Pique as cebolas, o alho, as cenouras, o aipo e as folhas de alecrim. Transfira para uma panela grande em fogo médio com 2 colheres (sopa) de azeite e a pimenta calabresa, então cozinhe por 20 minutos ou até dourar levemente. Acrescente o vinho e deixe ferver, depois junte a lentilha (com o líquido da conserva). Adicione o tomate e 400 ml de água, cozinhando em fogo baixo por 1 hora. Tempere com sal e pimenta-do-reino a gosto.

Enquanto isso, pique os cogumelos e transfira em levas para uma frigideira antiaderente grande em fogo médio. Salteie por 5 minutos (para aguçar o sabor), depois passe para um prato. Limpe a frigideira, regue com 4 colheres (sopa) de azeite e junte a farinha. Vá acrescentando aos poucos o leite de amêndoas, deixe ferver por 5 minutos para engrossar e passe para o liquidificador. Adicione um terço dos cogumelos e 50 g de queijo, tempere com sal e pimenta-do-reino, depois bata até ficar homogêneo. Preaqueça o forno a 180°C.

Espalhe uma camada de molho de tomate no fundo de uma assadeira de 25 × 35 cm, distribua alguns cogumelos e cubra com a massa de lasanha e 5 colheres de sopa do molho cremoso. Repita as camadas mais três vezes, finalizando com o que sobrar do molho cremoso e dos cogumelos. Salpique o que restar de queijo ralado. Separe as folhas de sálvia, tempere com um pouco de azeite e jogue por cima. Asse na parte de baixo do forno por 50 minutos ou até dourar e borbulhar. Deixe descansar por 15 minutos antes de servir. Fica ótima acompanhada de uma salada simples.

> Adicionar um punhado de folhas de espinafre baby entre as camadas dá um toque especial.

Certifique-se de que a massa da lasanha é mesmo vegana.

CALORIAS	GORDURA	GORDURA SATURADA	PROTEÍNA	CARBOIDRATOS	AÇÚCARES	SAL	FIBRAS
539	20,2 g	4,8 g	15,4 g	75 g	12,8 g	1 g	8 g

ESPAGUETE COM ALMÔNDEGAS DE PORCINI
MOLHO DE TOMATE SECO DOCE E APIMENTADO, MANJERICÃO E PARMESÃO

SERVE 6 | 40 MINUTOS

20 g de cogumelo porcini seco

500 g de mix de grãos cozidos, de preferência com sabor forte

2 ovos grandes

100 g de espinafre baby

2 pimentas dedo-de-moça

1 limão-siciliano

50-75 g de farinha de rosca

azeite

450 g de espaguete seco

1 dente de alho

1 maço de manjericão fresco (30 g)

20 g de parmesão e mais um pouco para finalizar

100 g de tomate seco

Cubra os cogumelos com água fervente, espere 5 minutos e escorra, reservando a água do molho. Coloque os grãos cozidos em um processador de alimentos com os cogumelos, os ovos, o espinafre e uma pimenta dedo-de-moça. Acrescente raspas finas de limão-siciliano, uma pitada de sal e pimenta-do-reino e bata até ficar com uma consistência espessa. Adicione também a farinha de rosca — como você pode variar os grãos, use o bom senso e acrescente apenas o suficiente para que seja possível moldar. Com as mãos molhadas, faça 30 bolinhas. Adicione 1 colher (sopa) de azeite a uma frigideira grande antiaderente em fogo médio, depois adicione as almôndegas e frite por 10 minutos ou até dourar por inteiro, virando com cuidado. Talvez seja necessário fazer em etapas (nesse caso, cubra as almôndegas prontas com papel-alumínio).

Cozinhe o macarrão em uma panela grande com água fervente e salgada, de acordo com as instruções da embalagem, reservando uma xícara do líquido do cozimento. No processador de alimentos já limpo, bata o alho picado, a maior parte das folhas de manjericão, o parmesão ralado, os tomates secos e 2 colheres de sopa do azeite da conserva. Adicione a outra pimenta dedo-de-moça (sem sementes, se preferir) e bata até formar uma pasta. Junte a água reservada do porcini, depois misture com o macarrão escorrido, adicionando um pouco da água do cozimento para afinar, se necessário. Jogue sobre as almôndegas e finalize com as folhas de manjericão reservadas, um pouco de limão-siciliano espremido e parmesão ralado fino.

Sirva com uma salada verde temperada com sumo de limão-siciliano para dar um toque crocante e azedinho. Não tem erro!

> Prefiro usar grãos diferentes, em vez dos mais comuns.

Para tornar o prato vegetariano, troque o parmesão por um queijo duro sem coalho animal.

CALORIAS	GORDURA	GORDURA SATURADA	PROTEÍNA	CARBOIDRATOS	AÇÚCARES	SAL	FIBRAS
628	19,4 g	3,8 g	23 g	92,2 g	6,1 g	1,6 g	8,4 g

SALADA DE MACARRÃO

MOLHO NEON, TOMATES-CEREJA, MOZARELA DE BÚFALA E AZEITONAS

SERVE 4 | 15 MINUTOS

300 g de conchiglione seco

¼ de dente de alho

1 maço de salsinha fresca (30 g)

1 maço de manjericão fresco (30 g)

vinagre de vinho tinto

azeite extravirgem

½ maço de aipo

250 g de tomate-cereja maduro

12 azeitonas pretas

1 bola (125 g) de mozarela de búfala

Cozinhe o macarrão em uma panela grande com água fervente e salgada, de acordo com as instruções da embalagem, depois escorra. Adicione ao liquidificador as ervas, o alho, 2 colheres (sopa) de vinagre, 2 (sopa) de azeite e um pouco de água, batendo até ficar homogêneo. Tempere com sal marinho e pimenta-do-reino a gosto.

Pique fino o aipo, corte os tomates em quatro e transfira tudo para uma tigela grande. Pique as azeitonas, despeje o creme verde e junte o macarrão escorrido, depois misture. Sirva quente, em temperatura ambiente ou frio, distribuindo pedaços de mozarela de búfala por cima antes de servir.

É ótimo para servir em um piquenique ou levar na marmita.

Se sobrar, quebre um ou dois ovos, misture, depois acrescente queijo ralado e leve para dourar.

CALORIAS	GORDURA	GORDURA SATURADA	PROTEÍNA	CARBOIDRATOS	AÇÚCARES	SAL	FIBRAS
436	16,2 g	6 g	16,8 g	59,2 g	4,2 g	0,7 g	3,7 g

FUSILLI COM MOLHO DE PIMENTÃO AMARELO
FAROFINHA DE PISTACHE E PARMESÃO

SERVE 4 | 20 MINUTOS

1 cebola

2 dentes de alho

azeite

2 colheres (sopa) de vinagre de vinho branco

2 pimentões amarelos

20 g de pistache descascado sem sal

300 g de fusilli seco

30 g de parmesão e mais um pouco para finalizar

Pique bem a cebola e o alho e leve a uma frigideira antiaderente grande em fogo médio com 1 colher (sopa) de azeite, o vinagre e uma pitada de sal marinho. Corte os pimentões em fatias finas (descartando as sementes), depois leve à panela e cozinhe com tampa por 10 minutos ou até amolecerem, mas sem deixar pegar cor, mexendo de vez em quando. Enquanto isso, macere bem os pistaches no pilão.

Cozinhe o macarrão em uma panela grande com água fervente e salgada, de acordo com as instruções da embalagem, depois escorra, reservando uma xícara da água do cozimento. Leve ao liquidificador o parmesão ralado, o pimentão e um pouco da água fervente, depois bata até ficar homogêneo e tempere com sal e pimenta-do-reino. Misture a massa e o molho, afinando um pouco com a água do cozimento, se necessário. Finalize com a farofinha de pistache e parmesão ralado.

Fica muito bom com uma salada verde fresca.

> Sei que deve ser óbvio, mas este prato fica ótimo com pimentão vermelho ou verde. Cada um dá um sabor e uma cor ligeiramente diferentes.

Para tornar o prato vegetariano, troque o parmesão por um queijo duro sem coalho animal.

CALORIAS	GORDURA	GORDURA SATURADA	PROTEÍNA	CARBOIDRATOS	AÇÚCARES	SAL	FIBRAS
388	9,6 g	2,4 g	13,8 g	65,4 g	8,8 g	0,7 g	2,6 g

FARFALLE COM ABOBRINHA

PIMENTA, ALHO, ERVA-DOCE, CREME DE LEITE E PARMESÃO

SERVE 4 | 15 MINUTOS

300 g de farfalle seco

4 dentes de alho

1 pimenta dedo-de-moça

azeite

½ colher (chá) de sementes de erva-doce

2 abobrinhas

100 ml de vinho rosé

80 ml de creme de leite

40 g de parmesão e mais um pouco para finalizar

Cozinhe o macarrão em uma panela grande com água fervente e salgada, de acordo com as instruções da embalagem, depois escorra, reservando uma xícara da água do cozimento. Pique bem o alho e a pimenta dedo-de-moça e leve a uma frigideira antiaderente grande em fogo médio com 1 colher (sopa) de azeite e as sementes de erva-doce. Rale as abobrinhas (descartando o miolo), adicione-as à frigideira e cozinhe por 5 minutos ou até que amoleçam, mexendo de vez em quando.

Aumente o fogo, despeje o vinho e deixe ferver e reduzir, depois apague e acrescente o creme de leite. Junte o parmesão ralado e o macarrão cozido e misture, afinando o molho com um pouco da água do cozimento, se necessário. Tempere com sal marinho e pimenta-do-reino e finalize com parmesão ralado.

Se quiser um acompanhamento refrescante, uma salada de espinafre baby temperada com limão-siciliano e ervilhas frescas pode ser uma ótima pedida.

> Varie o vegetal ralado nesta receita — pode ser abóbora, cenoura, funcho ou até mesmo pimentão — para obter resultados igualmente deliciosos.

Para tornar o prato vegetariano, troque o parmesão por um queijo duro sem coalho animal.

CALORIAS	GORDURA	GORDURA SATURADA	PROTEÍNA	CARBOIDRATOS	AÇÚCARES	SAL	FIBRAS
404	11,7 g	5,1 g	14,9 g	59,7 g	4,2 g	0,3 g	0,9 g

TAGLIATELLE DE VERÃO

PESTO DE MANJERICÃO E AMÊNDOA, BATATA E VEGETAIS VERDES

SERVE 4 | 20 MINUTOS

1 maço de manjericão fresco (30 g)

½ dente de alho

50 g de amêndoas branqueadas

azeite extravirgem

25 g de parmesão e mais um pouco para finalizar

¼ de limão-siciliano

1 batata

125 g de vagem

300 g de tagliatelle seco

200 g de vegetais delicados, como favas, ervilhas e brócolis

Em um pilão, macere a maior parte das folhas de manjericão com uma pitada de sal marinho até obter uma pasta. Adicione o alho picado e as amêndoas e continue pilando bastante. Acrescente 4 colheres (sopa) de azeite, o parmesão ralado e o sumo de limão-siciliano. Tempere a gosto.

Corte a batata (com casca) em fatias finas, apare as extremidades das vagens e transfira tudo para uma panela com água fervente e salgada, junto com o macarrão, para cozinhar de acordo com as instruções da embalagem. Prepare os vegetais como necessário, acrescentando-os à panela nos últimos 3 minutos. Escorra, reservando uma xícara da água do cozimento, depois misture com o pesto, afinando um pouco com a água do cozimento, se necessário. Regue com 1 colher (sopa) de azeite e finalize com o restante do manjericão e com parmesão ralado. Fica ótimo com uma salada de folhas da época.

> Usei manjericão e amêndoas aqui, mas qualquer combinação de erva e oleaginosa sem sal vai levar a resultados muito saborosos. Use o que quiser!

Para tornar o prato vegetariano, troque o parmesão por um queijo duro sem coalho animal.

CALORIAS	GORDURA	GORDURA SATURADA	PROTEÍNA	CARBOIDRATOS	AÇÚCARES	SAL	FIBRAS
561	25,9 g	4,1 g	18,4 g	67,9 g	5 g	0,6 g	5,7 g

PENNE COM COGUMELOS

MOLHO DE TOMATE E PARMESÃO, FAROFINHA DE AVELÃ COM ALHO

SERVE 4 | **20 MINUTOS**

50 g de farinha de rosca

azeite

20 g de avelãs branqueadas

4 dentes de alho

3 ramos de tomilho fresco

400 g de mix de cogumelos

1 colher (chá) de pimenta calabresa em flocos

400 g de tomate pelado

300 g de penne seco

30 g de parmesão e mais um pouco para finalizar

Adicione a farinha de rosca a uma frigideira antiaderente média em fogo baixo com 1 colher (sopa) de azeite. Macere levemente as avelãs no pilão e incorpore à frigideira, depois acrescente 2 dentes de alho ralados e as folhas do tomilho. Enquanto faz o macarrão e o molho, continue mexendo sempre, até que a farofa fique dourada e crocante.

Leve uma frigideira antiaderente grande ao fogo alto e salteie por 1 minuto os cogumelos (inteiros ou fatiados, dependendo do tamanho e do formato), para realçar o sabor. Acrescente o restante do alho picado, a pimenta calabresa em flocos e 1 colher (sopa) de azeite, depois cozinhe por 3 minutos, mexendo sempre. Adicione o tomate e 400 ml de água, então deixe engrossar. Enquanto isso, cozinhe o macarrão em uma panela grande com água fervente e salgada, de acordo com as instruções da embalagem, e escorra, reservando uma xícara da água do cozimento.

Rale fino o parmesão e misture com o macarrão e o molho, afinando com um pouco da água do cozimento, se necessário. Tempere a gosto, cubra com a farofinha quente e mais um tanto de parmesão ralado.

> Você pode deixar o molho mais cremoso adicionando 1 colher (sopa) de creme de leite — fresco ou não. Fica delicioso!

Para tornar o prato vegetariano, troque o parmesão por um queijo duro sem coalho animal.

CALORIAS	GORDURA	GORDURA SATURADA	PROTEÍNA	CARBOIDRATOS	AÇÚCARES	SAL	FIBRAS
465	15,5 g	3,4 g	17,5 g	68,1 g	6,3 g	0,4 g	5,6 g

NHOQUE DE ABÓBORA
PESTO AROMÁTICO DE SALSINHA COM NOZES

SERVE 4 | 1 HORA E 15 MINUTOS

500 g de batata

500 g de abóbora

100 g de farinha de trigo tipo 00 e mais um pouco para polvilhar

1 noz-moscada inteira, para ralar

1 maço de salsinha (30 g)

½ dente de alho

50 g de nozes sem sal

azeite extravirgem

25 g de parmesão e mais um pouco para finalizar

½ limão-siciliano

Descasque as batatas e a abóbora (descartando as sementes), corte em cubos de 3 cm e cozinhe em uma panela grande com água fervente e salgada por 12 minutos ou até que estejam macias, depois escorra e deixe esfriar. Vire sobre um pano de prato limpo, faça uma trouxinha e aperte para retirar o máximo de líquido possível, em seguida passe as batatas e a abóbora para uma tigela. Amasse tudo e acrescente a farinha. Adicione metade da noz-moscada ralada, tempere generosamente com sal marinho e pimenta-do-reino e misture bem. Sove a massa em uma superfície enfarinhada por alguns minutos, até ficar elástica, depois divida em 4 partes iguais e estique até que os rolinhos fiquem com cerca de 1,5 cm de espessura. Corte a cada 1,5 cm para fazer o nhoque.

Leve as folhas de salsinha ao pilão e macere com uma pitada de sal até formar uma pasta. Adicione o alho e as nozes e macere bastante. Acrescente 4 colheres (sopa) de azeite, o parmesão ralado e sumo do limão-siciliano. Tempere a gosto.

Quando for a hora de comer, cozinhe o nhoque em duas levas em uma panela com água fervente e salgada, por 2 ou 3 minutos. Quando boiarem, estão prontos. Tire-os imediatamente com uma escumadeira e transfira para um prato. Eles vão firmar em cerca de 30 segundos. Para servir, misture cada leva com metade do pesto e um pouco da água do cozimento ou espalhe o pesto numa travessa e sirva o nhoque quentinho por cima. Finalize com mais parmesão ralado. Fica uma delícia com salada.

> Adoro inventar no pesto. Você pode trocar a salsinha por rúcula ou uma mistura de hortelã e manjericão. Se você estiver sem tempo, pode comprar o pesto pronto, mas o caseiro dá um sabor incomparável à comida.

Para tornar o prato vegetariano, troque o parmesão por um queijo duro sem coalho animal.

CALORIAS	GORDURA	GORDURA SATURADA	PROTEÍNA	CARBOIDRATOS	AÇÚCARES	SAL	FIBRAS
447	23,4 g	4 g	11,8 g	49,7 g	7,5 g	1,1 g	4,4 g

SALADAS

SALADA DE BATATA ASSADA E PICLES
LIMÃO-SICILIANO, MOSTARDA, MUITAS ERVAS E QUEIJO FETA

SERVE 6 | 1 HORA

1,2 kg de batata bolinha

azeite

6 dentes de alho

1 limão-siciliano

2 ramos de alecrim fresco

1 colher (sopa) de farinha

1 pepino

100 g de rabanete, de preferência com as folhas

½ cebola roxa

1 colher (chá) de mostarda à l'ancienne (com grãos inteiros)

2 colheres (sopa) de vinagre de vinho tinto

½ maço de endro fresco (15 g)

½ maço de hortelã fresca (15 g)

40 g de queijo feta

Preaqueça o forno a 200°C. Cozinhe as batatas por 20 minutos em uma panela grande com água fervente e salgada, depois escorra e deixe descansar um pouco. Transfira para uma assadeira grande, regue com 2 colheres (sopa) de azeite e adicione uma boa pitada de sal marinho e pimenta-do-reino. Amasse os dentes de alho com a casca e incorpore à assadeira, levando ao forno por 20 minutos. Enquanto isso, faça raspas com a casca do limão-siciliano, separe e pique fino as folhas de alecrim. Quando o tempo de forno acabar, salpique as raspas, o alecrim e a farinha sobre as batatas. Misture tudo, achate um pouco as batatas com um amassador e asse por mais 20 minutos ou até ficarem douradas e crocantes.

Enquanto isso, passe o garfo pela casca do pepino para criar ranhuras e corte-o em rodelas finas. Fatie os rabanetes em quatro e a cebola em rodelas finas, depois junte tudo em uma tigela, temperando com a mostarda, o vinagre e o sumo de ½ limão-siciliano. Tempere com sal e pimenta-do-reino a gosto, adicione as folhas das ervas e misture bem. Jogue por cima das batatas quentes e crocantes e misture antes de servir. Para finalizar, esfarele feta e esprema mais um pouco de sumo de limão-siciliano, se quiser.

> Já fiz esta salada com batata hasselback — aprenda a fazer na p. 106 —, o que a deixa ainda mais crocante.

CALORIAS	GORDURA	GORDURA SATURADA	PROTEÍNA	CARBOIDRATOS	AÇÚCARES	SAL	FIBRAS
223	6,5 g	1,7 g	6,4 g	34,7 g	4,3 g	0,7 g	4,7 g

SALADA COM MOLHO DE LARANJA

ENDÍVIA, RADICCHIO, CHALOTAS E OLEAGINOSAS

SERVE 4 | 25 MINUTOS

2 colheres (sopa) de oleaginosas mistas, sem casca e sem sal, como nozes, amêndoas e pistache

2 chalotas grandes

4 laranjas

1 colher (sopa) de vinagre de vinho tinto

azeite extravirgem

1 colher (chá) de mel

2 maços de endívia

2 maços de radicchio

½ maço de cerefólio ou de salsinha fresca (15 g)

Toste as oleaginosas em uma frigideira grande e seca em fogo médio até dourar, depois use um pilão para triturar bem. Descasque as chalotas e faça fatias de 0,5 cm de espessura, depois salteie por 5 minutos ou até tostar levemente, mexendo sempre. Esprema as laranjas, despeje o sumo na panela e deixe ferver até se transformar em um xarope, então tire do fogo. Acrescente o vinagre, 3 colheres (sopa) de azeite e o mel, depois tempere a gosto com sal marinho e pimenta-do-reino (deve ficar ligeiramente ácido e salgado, para que a magia aconteça).

Corte os pés de endívia e radicchio ao meio, faça fatias finas na extremidade da base, depois solte as folhas e leve a uma saladeira. Despeje o molho quente por cima, em seguida as folhas de cerefólio ou de salsinha e as oleaginosas e misture.

Fica ótimo com queijo de cabra e torradas, acompanhada de uma taça de vinho branco seco.

Qualquer folha mais amarga funciona bem aqui.

CALORIAS	GORDURA	GORDURA SATURADA	PROTEÍNA	CARBOIDRATOS	AÇÚCARES	SAL	FIBRAS
156	12,5 g	1,7 g	2,1 g	11,1 g	8,7 g	0,5 g	0,6 g

SALADA COM MILHO
ALFACE CROCANTE E MOLHO DE QUEIJO CREMOSO

SERVE 4-6 | 30 MINUTOS

óleo de canola

50 g de milho para pipoca

molho Tabasco chipotle

4 espigas de milho

1 alface-americana

4 cebolinhas com bulbo

30 g de cheddar inglês

30 g de queijo gorgonzola

6 colheres (sopa) de iogurte natural

¼ de dente de alho

2 colheres (chá) de mostarda amarela

2 colheres (sopa) de vinagre de vinho branco

1 colher (chá) de molho inglês

4 ramos de coentro fresco

Leve uma panela antiaderente grande ao fogo alto com 1 colher (sopa) de óleo de canola, acrescente o milho para pipoca e tampe. Depois que estourar, acrescente uma dose generosa de Tabasco, misture bem e transfira para uma saladeira grande. Na mesma panela, grelhe as espigas até ficarem levemente chamuscadas, virando sempre, e então transfira para um prato.

Pique grosseiramente a alface, fatie as cebolinhas e junte tudo em uma saladeira. Bata os queijos e o iogurte no liquidificador. Acrescente o alho, a mostarda, o vinagre e o molho inglês e bata até ficar homogêneo, depois tempere a gosto com sal marinho e pimenta-do-reino. Debulhe com cuidado as espigas de milho e acrescente à salada. Regue com o molho, misture e acrescente as folhas de coentro e então sirva imediatamente.

Fica muito bom com tortilhas quentinhas no almoço ou como acompanhamento.

> Esta salada também fica ótima com fatias de avocado, queijo feta esfarelado e uva verde cortada ao meio. Dá para fazer muita coisa com ela!

Para tornar o prato vegetariano, substitua por molho inglês sem anchovas.

CALORIAS	GORDURA	GORDURA SATURADA	PROTEÍNA	CARBOIDRATOS	AÇÚCARES	SAL	FIBRAS
248	12,5 g	4,5 g	11,9 g	22,5 g	6,8 g	0,7 g	2,1 g

MINHA SALADA FATUCHE

PITA TOSTADO, VEGETAIS PICADOS E MUITA ROMÃ

SERVE 4 | 20 MINUTOS

4 pães pita

1 romã

1 colher (sopa) de sumagre

azeite extravirgem

1 limão-siciliano

1 colher (sopa) de melaço de romã

2 pimentões de cores variadas

2 tomates maduros

1 bulbo de funcho

½ pepino

2 cebolinhas com bulbo

1 alface-romana

1 maço grande de ervas frescas, como hortelã, endro e salsinha (60 g)

Toste os pães em uma frigideira-grelha em fogo alto até ficarem crocantes e com a marca da grelha, depois pique grosseiramente e reserve. Corte a romã ao meio e, com o interior virado para baixo, bata nas costas de cada metade com uma colher até que todas as sementes caiam numa saladeira grande. Polvilhe o sumagre, regue com 2 colheres (sopa) de azeite e com o melaço de romã e esprema o limão-siciliano por cima.

Pique os pimentões (descartando as sementes), o funcho, o pepino (descartando o miolo) e os tomates, fatie a cebolinha, a alface e as folhas das ervas e acrescente tudo à saladeira. Por fim, adicione o pão e misture. Tempere com sal marinho e pimenta-do-reino a gosto.

> Também fica uma delícia com ervilhas frescas. Se não encontrar romã, manga bem picadinha dá supercerto.

CALORIAS	GORDURA	GORDURA SATURADA	PROTEÍNA	CARBOIDRATOS	AÇÚCARES	SAL	FIBRAS
287	8 g	1,2 g	9,2 g	46,4 g	13,5 g	0,8 g	6 g

SALADA CROCANTE DE FUNCHO, MELÃO E MOZARELA DE BÚFALA

ALCAPARRAS, HORTELÃ, PIMENTA E MOLHO DE BALSÂMICO

SERVE 4 | 15 MINUTOS

azeite

2 colheres (sopa) de minialcaparras

4 ramos de hortelã fresca

1 pimenta dedo-de-moça

4 colheres (sopa) de vinagre balsâmico

1 melão-cantalupo bem maduro

2 bulbos de funcho

1 cebola roxa pequena

8 bolinhas de mozarela de búfala (150 g)

Regue uma frigideira antiaderente grande com 2 colheres (sopa) de azeite. Adicione as alcaparras, as folhas de hortelã e a pimenta dedo-de-moça fatiada. Salteie em fogo médio por 5 minutos ou até ficarem crocantes, sempre agitando a frigideira. Desligue o fogo, transfira os sólidos para um prato com uma escumadeira e despeje o balsâmico nesse azeite aromático ainda quente. Ponha as sementes do melão em uma peneira sobre a frigideira quente e aperte para extrair todo o sumo, depois descarte-as. Use uma colher de chá para remover os pedacinhos de melão, caso caiam, passando-os para uma tigela.

Corte o funcho (reserve as folhas, se houver) e a cebola roxa em fatias finas, com a faca ou a mandolina (não deixe de usar a proteção!). Deixe em água gelada por 2 minutos, depois escorra bem e seque com um pano de prato limpo (isso vai impedir que o molho fique aguado). Misture com o melão e tempere com sal marinho e pimenta-do-reino a gosto. Sirva a salada em uma travessa ou em pratos individuais, cobrindo com a mozarela de búfala, as folhas de funcho reservadas e os crocantes de hortelã, alcaparras e pimenta dedo-de-moça e despejando o molho por cima.

> Não faça esta receita se não encontrar um melão-cantalupo bem maduro, docinho e perfumado.

CALORIAS	GORDURA	GORDURA SATURADA	PROTEÍNA	CARBOIDRATOS	AÇÚCARES	SAL	FIBRAS
241	14,7 g	6,1 g	10,1 g	17,5 g	16,2 g	0,7 g	7 g

SALADA FRANCESA COM PÃO DE ALHO

FOLHAS DELICADAS, UVAS, ERVAS E MOLHO DE MOSTARDA

SERVE 6 | 45 MINUTOS, MAIS O TEMPO DE CRESCER

---

7 g de fermento biológico seco

500 g de farinha para pão e mais um pouco para polvilhar

4 dentes de alho

1 maço de salsinha (30 g)

150 g de manteiga sem sal (em temperatura ambiente)

azeite extravirgem

2 colheres (sopa) de mostarda de Dijon

2 colheres (sopa) de vinagre de vinho branco

1 colher (chá) de mel

½ maço de cebolinha (15 g)

200 g de uvas variadas

60 g de nozes sem sal

300 g de folhas delicadas, como alface-crespa, rúcula ou radicchio

---

Misture o fermento com 350 ml de água morna, espere 2 minutos e transfira para uma tigela grande com a farinha e uma boa pitada de sal marinho. Misture bem, depois sove vigorosamente em uma superfície enfarinhada até obter uma massa lisa e elástica. Devolva à tigela, cubra com um pano de prato limpo e úmido e deixe crescer por 1 hora em um local quente ou até dobrar de tamanho. Tire o ar da massa com os punhos, depois divida-a em 6, molde em formato oval com cerca de 1 cm de espessura e deixe crescer em uma assadeira enfarinhada por 30 minutos. Preaqueça o forno a 210°C.

Enquanto isso, faça a manteiga temperada. Pique bem o alho e as folhas de salsinha e misture na manteiga, temperando com uma pitada de sal e pimenta-do-reino. Delicadamente, pressione os pedacinhos da manteiga temperada contra a massa do pão, depois asse por 15 minutos ou até dourar e assar bem.

Em uma tigela grande, bata 6 colheres (sopa) de azeite com a mostarda, o vinagre, o mel e uma pitada de sal e de pimenta-do-reino, para fazer um molho emulsificado. Pique bem a cebolinha e as nozes, corte as uvas ao meio, depois misture com as folhas e o molho e coloque tudo sobre o pão quente (fica muito mais gostoso comer a salada gelada sobre o pão quente, de verdade!).

Às vezes sirvo com lascas ou pedaços de queijo de cabra. Hum…

> Na minha opinião, as uvas mais gostosas sempre têm sementes. Aproveite que vai cortá-las ao meio e já descarte todas.

CALORIAS	GORDURA	GORDURA SATURADA	PROTEÍNA	CARBOIDRATOS	AÇÚCARES	SAL	FIBRAS
703	41,1 g	15,9 g	13,5 g	74,7 g	7,9 g	1,1 g	4,1 g

SALADA DE VAGEM ALL'ARRABBIATA

MOLHO MORNO, MOZARELA DE BÚFALA E HORTELÃ FRESCA

SERVE 4 | 20 MINUTOS

400 g de tomate-cereja maduro

400 g de vagem

4 ramos de hortelã fresca

4 dentes de alho

2 pimentas dedo-de-moça

azeite

3 colheres (sopa) de vinagre de vinho tinto ou balsâmico

8 bolinhas de mozarela de búfala (150 g)

4 fatias de pão rústico

Com cuidado, mergulhe por 30 segundos os tomates em uma panela com água fervente e salgada, retire-os com uma peneira e passe pela água corrente. Descarte as extremidades das vagens e leve-as à água fervente por 4 minutos. Enquanto isso, separe as folhas de hortelã, reservando as menores para decorar. Fatie o alho e as pimentas dedo-de-moça. Tire a pele dos tomates e reserve (é meio chato, mas vale a pena).

Escorra as vagens e devolva a panela ao fogo médio. Acrescente 1 colher (sopa) de azeite, o alho, a pimenta dedo-de-moça e as folhas de hortelã e refogue por 2 minutos. Adicione os tomates, o vinagre e as vagens e cozinhe por 4 minutos, mexendo sempre, até que os tomates desmanchem. Prove e tempere com sal marinho e pimenta-do-reino a gosto, depois transfira com todo o líquido para uma travessa.

Salpique a mozarela de búfala e as folhas de hortelã reservadas e sirva com torradas quentinhas de pão rústico.

> Fica uma delícia servida morna no mesmo dia, mas, se sobrar, você também pode levar na marmita e comer gelada.

CALORIAS	GORDURA	GORDURA SATURADA	PROTEÍNA	CARBOIDRATOS	AÇÚCARES	SAL	FIBRAS
296	11,9 g	5,8 g	13,8 g	33,4 g	7,2 g	1 g	5,6 g

SALADA VIBRANTE DE BHEL PURI

FLOCOS DE ARROZ, ROMÃ, PÃO INDIANO E AMENDOIM

SERVE 4 | 20 MINUTOS

1 pedaço de 2 cm de gengibre

2 colheres (chá) de chutney de tamarindo

azeite extravirgem

1 romã

1 limão-siciliano

50 g de amendoim sem sal

100 g de flocos de arroz

1 cebola roxa

1 pepino

200 g de tomate-cereja maduro

10 rabanetes, de preferência com as folhas

1 pimenta dedo-de-moça verde

½ maço de hortelã fresca (15 g)

½ maço de coentro fresco (15 g)

2 paparis não assados

½ colher (chá) de garam masala

50 g de chevda ou de mix de sementes

Pique grosseiramente o gengibre e transfira para o pilão, macerando até formar uma pasta, depois acrescente o chutney de tamarindo e 1 colher (sopa) de azeite. Esprema ½ romã e o limão-siciliano inteiro, misture e coloque o líquido em uma saladeira grande. Toste o amendoim e os flocos de arroz em uma frigideira antiaderente grande em fogo médio até dourar levemente (fique de olho, porque queima fácil) e adicione à saladeira.

Corte a cebola e o pepino em rodelas finas, os tomates em quatro e os rabanetes ao meio, depois junte tudo à saladeira. Acrescente a pimenta dedo-de-moça verde (sem sementes, se preferir) fatiada e as folhas das ervas. Vire a metade que sobrou da romã para baixo e bata nas costas dela com uma colher até que todas as sementes caiam na saladeira. Leve os pães, um de cada vez, ao micro-ondas por 30 segundos, pique-os e salpique sobre a salada, polvilhando também o garam masala e o chevda. Misture bem e sirva imediatamente.

Fica delicioso com uma colherada de iogurte e coentro.

> É uma ótima salada para levar de marmita: basta colocar o molho no fundo do pote e o restante dos ingredientes por cima, sacudindo na hora de comer.

CALORIAS	GORDURA	GORDURA SATURADA	PROTEÍNA	CARBOIDRATOS	AÇÚCARES	SAL	FIBRAS
329	15 g	2,4 g	10,8 g	37,7 g	10,3 g	0,8 g	5,5 g

SALADA DE COUVE-FLOR COM CEREJA

ARROZ INTEGRAL COM ERVAS, LIMÃO-SICILIANO EM CONSERVA E *PINOLI* TOSTADO

SERVE 4 | 50 MINUTOS

1 couve-flor grande, de preferência com as folhas (1 kg)

300 g de arroz integral

azeite

2 colheres (chá) de *zaatar*

200 g de cereja madura

1 limão-siciliano em conserva

1 limão-siciliano

1 colher (chá) de mel

azeite extravirgem

2 colheres (sopa) de *pinoli*

1 maço de hortelã fresca (30 g)

1 maço de endro fresco (30 g)

4 colheres (sopa) de iogurte grego

Preaqueça o forno a 220°C. Separe as folhas externas da couve-flor e divida-a em floretes grandes. Cozinhe o arroz em uma panela grande com água fervente e salgada, de acordo com as instruções da embalagem, adicionando os floretes e as folhas nos últimos 10 minutos, depois transfira-os com uma escumadeira para uma assadeira grande. Regue a couve-flor com 2 colheres (sopa) de azeite, tempere com uma pitada de sal marinho, pimenta-do-reino e *zaatar* e misture bem. Coloque outra assadeira por cima e pressione para amassar a couve-flor, em seguida leve ao forno (ainda com a assadeira por cima) por 30 minutos ou até dourar e ficar crocante.

Enquanto isso, tire o caroço das cerejas e corte-as grosseiramente, pique fino o limão-siciliano em conserva, descartando qualquer semente, e coloque tudo numa tigela. Esprema meio limão-siciliano, regue com mel e 3 colheres (sopa) de azeite extravirgem e misture bem.

Escorra o arroz e deixe terminar de cozinhar no vapor. Toste o *pinoli* em uma frigideira antiaderente em fogo médio até dourar. Esprema a outra metade do limão-siciliano sobre o arroz e tempere com sal e pimenta-do-reino a gosto. Pique fino as folhas das ervas, misture com o arroz e transfira para uma travessa. Cubra com a couve-flor, o iogurte, o *pinoli* e a mistura de cereja e limão-siciliano (com o líquido da conserva).

> Fique à vontade para usar suas ervas preferidas ou o que tiver em casa. Qualquer tipo de oleaginosa ou semente sem sal também funciona bem aqui.

CALORIAS	GORDURA	GORDURA SATURADA	PROTEÍNA	CARBOIDRATOS	AÇÚCARES	SAL	FIBRAS
568	25,1g	4,8 g	15,8 g	74,1 g	16,3 g	0,9 g	7,8 g

SALADA DE BIFUM AO ESTILO TAILANDÊS

VEGETAIS CROCANTES, ERVAS, MOLHO REFRESCANTE, OLEAGINOSAS E SEMENTES

SERVE 4 | 20 MINUTOS

200 g de bifum

1 pedaço de 5 cm de gengibre

3 limões

1 colher (sopa) de shoyu light

1 colher (sopa) de geleia de pimenta

azeite extravirgem

óleo de gergelim

4 cebolinhas com bulbo

650 g de vegetais crocantes variados, como cenoura, pak-choi, repolho chinês, rabanete, endívia, aspargos ou couve-de-bruxelas

80 g de amendoim sem sal

1 colher (sopa) de gergelim

½ maço de hortelã fresca (15 g)

½ maço de coentro fresco (15 g)

Cozinhe o bifum de acordo com as instruções da embalagem, depois escorra e resfrie em água corrente. Enquanto isso, pique grosseiramente o gengibre, transfira-o para o pilão e macere até formar uma pasta, então acrescente as raspas e o sumo dos limões, o shoyu, a geleia de pimenta, 2 colheres (sopa) de azeite extravirgem e 1 colher (chá) de óleo de gergelim. Misture tudo e transfira para uma saladeira grande.

Com cuidado e carinho, pique muito bem a cebolinha e os outros vegetais crocantes que escolher, depois junte ao molho. Toste (sem óleo) o amendoim e o gergelim em uma frigideira antiaderente em fogo médio até dourar, então transfira metade para o pilão e macere até formar uma farinha. Reserve o restante para decorar. Junte o bifum à tigela e salpique as folhas das ervas bem picadinhas, as oleaginosas e as sementes. Tempere com pimenta e mais shoyu, se quiser.

Às vezes, sirvo este prato com tofu macio embebido no shoyu. Fica uma delícia!

> Eu costumo fazer esta salada com os restos de vegetais que tenho na geladeira, então a cara dela está sempre diferente — ou seja, é uma ótima receita para evitar desperdício de comida.

CALORIAS	GORDURA	GORDURA SATURADA	PROTEÍNA	CARBOIDRATOS	AÇÚCARES	SAL	FIBRAS
437	18,2 g	3,1 g	11,5 g	55,5 g	10,6 g	0,5 g	3,6 g

SALADA QUENTE DE UVA E RADICCHIO

PINOLI TOSTADO, ALHO, ALECRIM E MOLHO DE BALSÂMICO E MEL

SERVE 4 | 30 MINUTOS

200 g de uva sem semente

1 radicchio

2 dentes de alho

2 ramos de alecrim fresco

2 colheres (sopa) de *pinoli*

azeite

2 colheres (sopa) de vinagre balsâmico

1 colher (sopa) de mel

30 g de rúcula

Deixe as uvas numa frigideira-grelha em fogo alto por 5 minutos ou até que caramelizem e comecem a abrir, depois transfira para uma saladeira grande. Apare o talo do radicchio, corte-o em quatro e separe as folhas. Em etapas, vá grelhando os dois lados das folhas até que amoleçam e junte à saladeira (pode parecer um processo bastante incomum, mas acredite em mim: fica delicioso).

Quando terminar de grelhar o radicchio, desligue o fogo (vamos usar a frigideira para fazer um molho morno). Leve o alho fatiado, as folhas de alecrim, o *pinoli* e 2 colheres (sopa) de azeite à frigideira-grelha ainda quente. Agite a panela por 1 minuto, depois adicione vinagre balsâmico (vai borbulhar e soltar um cheiro delicioso) e transfira tudo para a saladeira, adicionando o mel. Misture bem, tempere com sal e pimenta-do-reino a gosto e deixe descansar por 10 minutos, antes de adicionar a rúcula.

Fica ótimo como acompanhamento, mas você também pode acrescentar lascas de queijo de cabra e servir sobre uma torrada quente.

> Com bolas de mozarela de búfala, esta salada também vira uma deliciosa cobertura de pizza. Experimente!

CALORIAS	GORDURA	GORDURA SATURADA	PROTEÍNA	CARBOIDRATOS	AÇÚCARES	SAL	FIBRAS
209	13,6 g	1,5 g	2,9 g	20,1 g	17,8 g	0,1 g	2,6 g

HAMBÚRGUERES E BOLINHOS

SANDUÍCHE DE BATATA AO ESTILO INDIANO

CHUTNEY DE MANGA E ROMÃ, IOGURTE DE HORTELÃ

SERVE 4 | 35 MINUTOS

400 g de batata

400 g de batata-doce

3 dentes de alho

1 pedaço de 3 cm de gengibre

1 pimenta dedo-de-moça

1 pedaço grande de manteiga sem sal

1 colher (chá) de garam masala

1 colher (chá) de sementes de mostarda

2 colheres (sopa) de chutney de manga

½ romã

1 maço de hortelã fresca (30 g)

4 colheres (sopa) de iogurte natural

4 minipães de hambúrguer

20 g de chevda

Corte as batatas e batatas-doces (com a casca) em pedaços de 2 cm e leve para cozinhar em uma panela grande com água fervente e salgada por 10 minutos ou até que estejam macias. Escorra e deixe terminar de cozinhar no vapor. Pique o alho, o gengibre e a pimenta dedo-de-moça e adicione-os a uma frigideira antiaderente grande em fogo médio com a manteiga, o garam masala e as sementes de mostarda. Depois de 1 minuto, inclua as batatas, amassando-as e temperando com sal marinho e pimenta-do-reino a gosto. Frite até ficar crocante, então misture e espere ficar crocante de novo. Divida mais ou menos em 4 (ainda na frigideira) e, com a ajuda de 2 colheres, transforme cada parte em uma bola, fritando e virando com paciência até ficar redondo, bem dourado e crocante por inteiro (pode acreditar em mim, fica incrível!).

Coloque o chutney de manga numa tigela, adicione sumo de romã o bastante para afinar um pouco, depois misture com um punhado de sementes de romã. Bata as folhas de hortelã e o iogurte no liquidificador até ficar homogêneo. Abra os pães e toste ligeiramente a parte de dentro, e então quebre o chevda por cima.

Passe uma colherada de iogurte com hortelã em cada base de pão, adicione um bolinho de batata ainda quente, um pouco de chutney de manga e romã e o chevda, depois feche o sanduíche e aperte um pouco.

> Outra opção é fazer um wrap ao estilo indiano, recheando um chapati e acrescentando folhas.

CALORIAS	GORDURA	GORDURA SATURADA	PROTEÍNA	CARBOIDRATOS	AÇÚCARES	SAL	FIBRAS
470	11,4 g	5,2 g	12,8 g	84,6 g	14 g	1,3 g	3,6 g

BOLINHOS DE MILHO E JALAPEÑO
BANANA CARAMELIZADA, AVOCADO, SALADA DE TOMATE COM FETA

SERVE 4 | 35 MINUTOS

1 xícara (chá) de farinha de trigo com fermento

1 xícara (chá) de leite semidesnatado

1 xícara (chá) de milho congelado

1 ovo grande

1 colher (sopa) de jalapeño em conserva

60 g de queijo feta

1 pepino

4 tomates maduros

2 colheres (sopa) de vinagre de vinho tinto

½ maço de coentro fresco (15 g)

2 cebolinhas com bulbo

1 avocado maduro

4 bananas maduras

azeite

Coloque a farinha, o leite e o milho em uma tigela, quebre o ovo e tempere com uma pitada de pimenta-do-reino. Acrescente o jalapeño bem picado, depois esfarele metade do feta e bata até obter uma massa grossa.

Pique grosseiramente o pepino e os tomates e transfira para uma saladeira com o vinagre. Pique as folhas de coentro e a cebolinha, junte tudo à saladeira, acrescente uma pitada de pimenta-do-reino e misture. Abra o avocado, descarte o caroço, tire da casca e corte em quatro.

Para melhores resultados, cozinhe uma porção por vez: descasque uma banana e corte ao meio no sentido do comprimento, depois coloque com a parte cortada para baixo em uma frigideira antiaderente grande em fogo médio com 1 colher (chá) de azeite. Coloque 2 conchas de massa na frigideira, separadas, e cozinhe até que os bolinhos estejam dourados dos dois lados e a banana esteja caramelizada. Repita o processo com o resto dos ingredientes, dividindo a salada, o avocado, o feta e o coentro entre os pratos.

> Milho congelado ou em lata é uma maravilha em termos de praticidade, mas o sabor fica muito melhor se você usar espigas frescas.

CALORIAS	GORDURA	GORDURA SATURADA	PROTEÍNA	CARBOIDRATOS	AÇÚCARES	SAL	FIBRAS
557	18,4 g	5,5 g	17,6 g	85,8 g	26,7 g	1,5 g	5,9 g

HAMBÚRGUER DE FEIJÃO-PRETO

MOLHINHO PICANTE, IOGURTE, FATIAS DE MANGA E AVOCADO

SERVE 4 | 40 MINUTOS

1 ½ cebola roxa

200 g de mix de cogumelos

100 g de pão de centeio

coentro em pó

aprox. 2 latas (400 g) de feijão-preto cozido

azeite

40 g de cheddar inglês

4 minipães de hambúrguer

100 g de tomate-cereja maduro

1 limão

molho Tabasco chipotle

1 manga madura

1 avocado maduro

4 colheres (sopa) de iogurte natural

4 ramos de coentro fresco

Preaqueça o forno a 200°C. Coloque no processador de alimentos os cogumelos, 1 cebola picada, o pão de centeio e 1 colher (chá) de coentro em pó e bata bem. Adicione o feijão-preto (sem o líquido da conserva), tempere levemente com sal e pimenta-do-reino e continue a bater. Divida a massa em 4 e forme bolinhos de mais ou menos 2,5 cm de espessura. Passe azeite em toda a volta e polvilhe coentro em pó, depois coloque em uma assadeira untada e asse por 25 minutos ou até ficar escuro e crocante. Nos últimos minutos, cubra com o cheddar e aqueça os pães.

Enquanto isso, pique bem a ½ restante da cebola e os tomates, depois transfira para uma tigela. Esprema o limão por cima, adicione um pouco de Tabasco e tempere a gosto. Descasque a manga e o avocado, descarte os caroços e corte ambos em fatias finas.

Abra os pães quentes e espalhe o iogurte entre as bases, depois acrescente metade do molho, a manga, o avocado, as folhas de coentro, os hambúrgueres, mais molho e um pouco de Tabasco. Feche os sanduíches e aperte.

Fica muito bom com batatas rústicas assadas.

> Certifique-se de escolher os tomates mais maduros possíveis para o molhinho — o sabor é incomparável!

CALORIAS	GORDURA	GORDURA SATURADA	PROTEÍNA	CARBOIDRATOS	AÇÚCARES	SAL	FIBRAS
499	18,7 g	5,3 g	19 g	64 g	14,1 g	1,6 g	12,5 g

PANQUECAS APIMENTADAS DE CENOURA

HOMUS, VEGETAIS CROCANTES, HARISSA ROSA E PISTACHE

SERVE 4 | 20 MINUTOS

150 g de cenoura

1 pimenta dedo-de-moça verde

½ maço de coentro fresco (15 g)

½ cebola roxa

1 colher (chá) de cominho em pó

½ colher (chá) de erva-doce

1 xícara (chá) de farinha de trigo integral com fermento

1 xícara (chá) de leite semidesnatado

1 ovo grande

azeite

100 g de vegetais crocantes, como rabanete, cenoura e pepino

harissa rosa

1 limão-siciliano

4 colheres (sopa) de homus (ver p. 242)

30 g de agrião

opcional: 40 g de queijo feta
30 g de pistache descascado e sem sal

Rale as cenouras na parte grossa do ralador e passe para uma tigela grande. Pique bem a pimenta dedo-de-moça verde e o coentro, corte a cebola em fatias finas e acrescente tudo à tigela da cenoura. Adicione as especiarias, a farinha, o leite, o ovo e uma pitada de sal marinho, depois misture bem.

Leve uma frigideira antiaderente grande ao fogo médio-baixo com 1 colher (chá) de azeite. Trabalhando em levas, despeje 2 colheres (sopa) de massa para cada panqueca (quanto menos certinho melhor — as pontas vão ficar com uma textura diferente, mais crocante). Cozinhe até dourar dos dois lados, apertando levemente depois de virar, e então repita.

Enquanto isso, pique fino os vegetais crocantes e misture com 2 colheres (chá) de harissa e o sumo de ½ limão-siciliano. Sirva 2 panquecas por vez, assim que saírem da frigideira, com uma colherada de homus por cima (ver p. 242), uma pitada de vegetais crocantes e um pouco de agrião. Esfarele o feta por cima (se for usar) e acrescente o sumo de limão-siciliano e a harissa. Macere o pistache no pilão até formar uma farofinha e salpique por cima. Sirva com fatias de limão-siciliano, para espremer.

> Quando estiver craque nesta receita, experimente usar beterraba, abóbora ou abobrinha ralada. Fica muito bom!

CALORIAS	GORDURA	GORDURA SATURADA	PROTEÍNA	CARBOIDRATOS	AÇÚCARES	SAL	FIBRAS
411	15,3 g	3,9 g	17,9 g	54,4 g	8,7 g	1 g	9 g

HAMBÚRGUER DE BADJIA

IOGURTE COM COENTRO, CHUTNEY DE MANGA, PÃO INDIANO CROCANTE

SERVE 4 | 40 MINUTOS

1 cebola roxa

2 dentes de alho

2 pimentas dedo-de-moça verdes

1 maço grande de coentro fresco (60 g)

75 g de queijo paneer

200 g de abóbora

1 pedaço de 4 cm de gengibre

100 g de farinha de trigo

1 limão

2 colheres (chá) de pasta de curry rogan josh

azeite

75 g de iogurte natural

1 alface-romana baby

4 pães de hambúrguer

2 paparis sem assar

chutney de manga

Pique a cebola, o alho, a pimenta dedo-de-moça verde (despreze as sementes), os talos de coentro (reserve as folhas para depois) e o gengibre e coloque tudo numa tigela. Passe o paneer e a abóbora (sem as sementes) pela parte grossa do ralador e incorpore. Adicione a farinha, uma pitada de sal, pimenta-do-reino, o sumo do limão, a pasta de curry e 50 ml de água, depois mexa.

Aqueça 2 colheres (sopa) de azeite em uma frigideira antiaderente grande em fogo médio-baixo. Divida a massa em 4 porções e leve à frigideira, moldando os hambúrgueres mais ou menos do tamanho dos pães (não se preocupe se não ficarem perfeitos, isso vai fazer com que fiquem mais crocantes depois!). Frite por 16 minutos ou até dourar e cozinhar bem, virando a cada poucos minutos. Enquanto isso, amasse a maior parte das folhas de coentro no pilão até formar uma pasta, misture com o iogurte e tempere a gosto. Rasgue as folhas de alface, abra os pães (aqueça primeiro, se preferir) e leve os paparis ao micro-ondas, um de cada vez, por 30 segundos.

Espalhe o iogurte com coentro nas metades dos pães, depois quebre os paparis e jogue por cima. Coloque um hambúrguer sobre cada base de pão, adicione uma colherada de chutney de manga, algumas folhas de coentro e a alface, então feche os sanduíches e pressione levemente.

Sirva com cerveja gelada e mais dedo-de-moça fresca, se gostar de comida apimentada (como eu!).

> Você pode variar esta receita trocando não só os vegetais que usa, mas também a pasta de curry.

CALORIAS	GORDURA	GORDURA SATURADA	PROTEÍNA	CARBOIDRATOS	AÇÚCARES	SAL	FIBRAS
493	15,4 g	4,8 g	17 g	75,2 g	20,7 g	1,9 g	6,2 g

BOLOVO COM CURRY
GEMA MOLE, PÃO INDIANO CROCANTE E CHUTNEY DE MANGA

SERVE 4-8 | 50 MINUTOS, MAIS O TEMPO NA GELADEIRA

5 ovos grandes

500 g de mix de grãos cozidos, de preferência com sabor forte

2 colheres (chá) de pasta de curry rogan josh

1 maço de hortelã fresca (30 g)

50 g de farinha

1 naan

2 litros de óleo vegetal, para fritar

chutney de manga

Cozinhe 4 ovos em uma panela com água fervente e salgada em fogo médio-alto por exatos 5 minutos, para que fiquem com a gema mole, depois escorra, resfrie na água corrente e descasque. Adicione ao processador de alimentos os grãos cozidos, a pasta de curry e as folhas de hortelã, batendo até ficar bem fino e com uma textura pegajosa (adicione um pouco de água se necessário). Divida a massa em 4 bolas. Abra uma por vez em um quadrado de papel-manteiga de 15 cm, deixando com apenas 1 cm de espessura. Coloque o papel na mão, posicione um ovo sem casca no meio e envolva-o na mistura, com a ajuda do papel. Depois que o bolinho tiver ganhado forma, tire do papel e pressione delicadamente com as mãos para cobrir direitinho — tampe quaisquer buracos que encontrar. Coloque a farinha numa tigela, bata o último ovo em outra, depois bata o naan no processador até obter uma farinha grossa e transfira para uma terceira tigela. Passe cada bolovo na farinha, mergulhe no ovo batido e empane no naan, depois leve à geladeira.

Quando for a hora de fritar, encha de óleo uma frigideira grande até a metade — o óleo deve ter 8 cm de altura, mas nunca encha mais que a metade da panela — e leve ao fogo médio-alto. Use um termômetro para chegar à temperatura certa (170°C) ou coloque um pedaço de batata e aguarde dourar — esse é o sinal de que está bom. Com cuidado, mergulhe cada bolovo no óleo usando uma escumadeira e frite por 8 minutos ou até dourar. Tire e escorra sobre papel-toalha. Corte ao meio, tempere levemente com sal marinho e sirva com chutney de manga.

Fica fantástico com uma salada no jantar ou como entrada (nesse caso, sirva meio bolinho).

> Se encontrar ovos com duas gemas para vender, use nesta receita. Todo mundo vai adorar!

CALORIAS	GORDURA	GORDURA SATURADA	PROTEÍNA	CARBOIDRATOS	AÇÚCARES	SAL	FIBRAS
674	43,3 g	6,6 g	21,7 g	48,7 g	1,8 g	1,7 g	5,7 g

SANDUÍCHE DE FALÁFEL ASSADO

TAHINE, SALADA, GRÃO-DE-BICO CROCANTE, ALHO E ROMÃ

SERVE 4 | 1 HORA

2 latas (800 g) de grão-de-bico cozido

azeite

2 dentes de alho

½ colher (chá) de cada especiaria: pimenta calabresa em flocos, erva-doce, cominho em grãos e coentro em pó

1 maço grande de ervas frescas, como salsinha, coentro e hortelã (60 g)

200 g de ervilha congelada

4 tomates maduros

½ pepino

azeite extravirgem

1 limão-siciliano

½ romã

4 pães pita grandes

4 colheres (sopa) de tahine

Preaqueça o forno a 200°C. Escorra a água da conserva do grão-de-bico e leve um punhado a uma frigideira antiaderente pequena (que possa ir ao forno) em fogo médio com 3 colheres (sopa) de azeite. Pique o alho e refogue até dourar, mexendo sempre para não queimar, enquanto bate a mistura para o faláfel. Coloque todas as especiarias no processador de alimentos com uma pitada de sal e pimenta-do-reino. Acrescente as folhas das ervas, o grão-de-bico e as ervilhas e bata para incorporar, mas deixe que mantenha certa textura. Com uma escumadeira, tire o alho e o grão-de-bico do azeite e deixe escorrer sobre papel-toalha. Acrescente a esse azeite aromático ainda quente a mistura de faláfel e pressione com uma espátula para achatar, de modo a preencher o fundo da frigideira. Frite por 5 minutos, depois asse por 40 minutos ou até ficar dourado e crocante.

Enquanto isso, pique bem os tomates e o pepino e misture em uma tigela. Regue levemente com azeite extravirgem, esprema limão-siciliano por cima e tempere com sal e pimenta-do-reino. Corte a romã ao meio e, com o interior virado para baixo, bata nas costas de cada metade com uma colher até que todas as sementes caiam numa tigela.

Aqueça os pães no forno por 2 minutos e depois corte uma ponta, criando uma espécie de "bolso", como na foto. Afine o tahine com um pouco de água, se necessário, e espalhe 1 colher de sopa na parte interna de cada pão. Quebre o faláfel em quatro e recheie os pães, acrescentando bastante salada e romã. Finalize com o grão-de-bico e o alho fritos e sirva o que sobrar de salada como acompanhamento.

> Você pode tornar esta receita ainda mais especial com uma colherada de harissa misturada com iogurte. Fica demais!

CALORIAS	GORDURA	GORDURA SATURADA	PROTEÍNA	CARBOIDRATOS	AÇÚCARES	SAL	FIBRAS
540	24,8 g	3,6 g	20,6 g	61,9 g	9,7 g	1,6 g	11,7 g

MARAVILHAS DE UMA PANELA SÓ

LASANHA BAGUNÇADA DE BERINJELA

MOLHO DE TOMATE COM ALHO, SÁLVIA E LIMÃO-SICILIANO, GRATINADO COM QUEIJO E AMÊNDOA

SERVE 6 | 1 HORA E 35 MINUTOS

3 berinjelas grandes (400 g cada)

3 cebolas

6 dentes de alho

1 maço de sálvia fresca (30 g)

azeite

1 colher (chá) de pimenta calabresa em flocos

1 limão-siciliano

800 g de tomate pelado

80 g de cheddar inglês

80 g de parmesão

300 g de massa de lasanha fresca

50 g de amêndoas branqueadas

Acrescente 250 ml de água a uma panela grande e rasa (que possa ir ao forno) e leve ao fogo médio. Corte as berinjelas ao meio no sentido do comprimento e as cebolas em quatro e acrescente à panela, deixando cozinhar com tampa por 20 minutos. Enquanto isso, pique o alho e separe as folhas de sálvia. Preaqueça o forno a 200°C.

Tire a tampa e, quando a maior parte do líquido tiver evaporado, faça um buraco no meio. Adicione 3 colheres (sopa) de azeite, o alho, a pimenta calabresa e a maior parte das folhas de sálvia, além de raspas finas de limão-siciliano. Quando dourar, acrescente os tomates e 800 ml de água, então deixe cozinhar por 20 minutos, mexendo de vez em quando.

Tire a panela do fogo, adicione os queijos ralados e tempere com sal e pimenta-do-reino a gosto. Junte a massa de lasanha e mexa bem para cobrir, depois puxe algumas para cima, formando uma camada. Amasse bem as amêndoas, adicione um pouco de azeite à sálvia restante e salpique por cima. Use as costas da colher para abrir alguns buracos e asse por 25 minutos ou até dourar e borbulhar.

Adoro servir com uma salada verde crocante temperada com vinagre balsâmico.

> Tenho duas filhas celíacas e por isso costumo usar massa sem glúten. Você pode usar qualquer tipo de macarrão, mas cozinhe um pouco antes.

Para tornar o prato vegetariano, troque o parmesão por um queijo duro sem coalho animal.

CALORIAS	GORDURA	GORDURA SATURADA	PROTEÍNA	CARBOIDRATOS	AÇÚCARES	SAL	FIBRAS
463	22,9 g	7,5 g	20,1 g	48,4 g	16,3 g	0,6 g	5,7 g

FRITADA DE VERÃO

OVOS FRITOS COM PIMENTA, SALADA DE AGRIÃO E MAÇÃ COM MOLHO FRANCÊS

SERVE 4 | 1 HORA

600 g de batata bolinha

150 g de ervilha congelada ou fresca

150 g de fava congelada ou fresca

¼ de couve-lombarda (250 g)

1 abobrinha

1 cenoura

azeite

4 ovos grandes

1 pimenta dedo-de-moça

azeite extravirgem

1 colher (chá) de mostarda de Dijon

1 colher (sopa) de vinagre de vinho tinto

1 maçã

40 g de agrião

Cozinhe as batatas (com a casca) em uma panela grande com água fervente e salgada por 20 minutos ou até ficarem macias, acrescentando as ervilhas e as favas no último minuto, depois escorra. Enquanto isso, pique a couve-lombarda, a abobrinha e a cenoura em pedaços de 1 cm e leve a uma frigideira antiaderente de 26 cm em fogo médio com 1 colher (sopa) de azeite e deixe por 15 minutos ou até dourar e caramelizar, então acrescente as batatas, as ervilhas e as favas. Vá amassando e fritando tudo por 15 minutos. Tempere com sal marinho e pimenta-do-reino a gosto, em seguida pressione bem, deixe mais 5 minutos ou até ficar dourado e crocante e vire em uma travessa.

Frite os ovos da maneira como você gosta na mesma frigideira, fatie fino a pimenta dedo-de-moça e jogue em cima. Despeje 2 colheres (sopa) de azeite extravirgem em uma tigela grande e bata com a mostarda e o vinagre. Corte a maçã em palitos, misture com o agrião e o molho, depois sirva com a fritada e os ovos.

> Se esta fritada é a cara do verão, imagine como ficaria no inverno, com castanha portuguesa, abóbora, couve-de-bruxelas, cogumelos... Nossa!

CALORIAS	GORDURA	GORDURA SATURADA	PROTEÍNA	CARBOIDRATOS	AÇÚCARES	SAL	FIBRAS
373	17,4 g	3,4 g	16,8 g	40,4 g	12,7 g	0,4 g	9,6 g

FEIJÃO ASSADO
MOLHO DE TOMATE E PIMENTA, CHEDDAR, ALECRIM E PÃO CROCANTE

SERVE 6 | 1 HORA E 10 MINUTOS

1 cebola roxa

2 dentes de alho

1 cenoura

1 pimenta dedo-de-moça

azeite

1 colher (chá) de páprica defumada

1 colher (sopa) de vinagre de maçã

450 g de pimentão vermelho assado em conserva

400 g de tomate pelado

1 colher (chá) de melaço

4 latas (1,6 kg) de feijão-branco ou feijão-manteiga cozido

½ pão rústico (250 g)

60 g de cheddar inglês

4 ramos de alecrim fresco

Preaqueça o forno a 200°C. No processador de alimentos, bata a cebola, o alho, a cenoura e a pimenta. Passe para uma frigideira antiaderente que possa ir ao forno e leve ao fogo médio com 1 colher (sopa) de azeite e a páprica. Frite por 15 minutos ou até caramelizar levemente, mexendo sempre. Adicione o vinagre e deixe cozinhar, depois devolva ao processador de alimentos e acrescente os pimentões (com o líquido da salmoura) e os tomates, batendo até ficar homogêneo. Leve de volta à frigideira, adicione o melaço e deixe ferver. Acrescente o feijão (com o líquido da conserva) e cozinhe por 5 minutos, enquanto corta o pão em fatias de 1 cm de espessura.

Rale o queijo e junte ao feijão, depois tempere com sal marinho e pimenta-do-reino a gosto. Espalhe o pão por cima da frigideira, sem deixar buracos, e afunde levemente no molho, permitindo que molhe também em cima. Misture as folhas de alecrim com um pouco de azeite e espalhe sobre a frigideira. Asse por 30 minutos ou até ficar dourado e um pouco ressecado (o objetivo é criar um contraste entre uma parte crocante e a outra maravilhosamente cremosa).

Pode ser servido como prato principal ou acompanhamento — para mim, fica perfeito com uma salada crocante e condimentada.

> Experimente esta receita com diferentes tipos de feijão, ou mesmo com grão-de-bico.

CALORIAS	GORDURA	GORDURA SATURADA	PROTEÍNA	CARBOIDRATOS	AÇÚCARES	SAL	FIBRAS
384	9,2 g	3,3 g	20,3 g	56,5 g	11 g	0,6 g	12,3 g

ENSOPADO DE COUVE-FLOR DE INSPIRAÇÃO GREGA

AZEITONA, LIMÃO-SICILIANO, TOMATE FRESCO, BATATA E ERVILHA

SERVE 4 | **1 HORA E 25 MINUTOS**

1 limão-siciliano

azeite

1 cabeça de alho

2 cebolas roxas

10 azeitonas pretas

300 g de batata bolinha

½ maço de orégano fresco (15 g)

10 tomates grandes e maduros

1 couve-flor, de preferência com as folhas (800 g)

200 g de ervilha ou fava, fresca ou congelada

Preaqueça o forno a 200°C. Com um descascador de legumes, faça tiras da casca de limão-siciliano e leve com 2 colheres (sopa) de azeite e a cabeça de alho a uma panela grande em fogo médio. Corte as cebolas em quatro e separe as pétalas, pique as azeitonas e corte as batatas em fatias de 1 cm de espessura. Leve tudo à panela com as folhas de orégano e cozinhe por 5 minutos ou até começar a amolecer e pegar cor. Corte os tomates em quatro e adicione à panela, depois tempere com sal e pimenta-do-reino a gosto.

Adicione 500 ml de água e deixe ferver, mexendo bem e raspando o que grudar no fundo. Descarte as folhas externas mais feias da couve-flor, depois faça um X no talo e acomode no fundo da panela. Regue com 1 colher (sopa) de azeite, tampe e leve ao forno por 1 hora ou até dourar e caramelizar, regando de vez em quando e tirando a tampa na metade do tempo. Transfira a couve-flor para uma travessa e tire a cabeça de alho, depois volte com a panela à boca do fogão em fogo médio, adicione a ervilha e cozinhe por 5 minutos. Com cuidado, tire todos os dentes de alho da casca e devolva à panela. Prove e, se necessário, acerte o tempero, depois volte a couve-flor à panela e finalize espremendo limão-siciliano por cima.

Adoro servir este prato com pão, para aproveitar todo o caldo. É maravilhoso!

> A hora de cozinhar a ervilha ou as favas é a sua oportunidade de acrescentar quaisquer vegetais de cozimento rápido que desejar, como acelga, espinafre, aspargos ou brócolis. Assim, além de mais gostoso, o prato fica mais nutritivo.

CALORIAS	GORDURA	GORDURA SATURADA	PROTEÍNA	CARBOIDRATOS	AÇÚCARES	SAL	FIBRAS
311	12,3 g	1,9 g	11,9 g	41 g	21,2 g	0,3 g	11,9 g

FRITADA DE PRIMAVERA

ERVILHA, ASPARGOS, RICOTA E HORTELÃ FRESCA

SERVE 4 | **2 HORAS E 15 MINUTOS**

6 tomates grandes e maduros

1 colher (chá) de orégano seco

8 ovos grandes

50 g de parmesão

60 g de ervilha fresca

300 g de aspargos

½ maço de hortelã fresca (15 g)

azeite

125 g de ricota

Preaqueça o forno a 140°C. Corte os tomates ao meio e tire as sementes, depois leve a uma frigideira antiaderente de 26 cm que possa ir ao forno e tempere com sal marinho e pimenta-do-reino. Polvilhe o orégano e asse por 1 hora e meia.

Aumente a temperatura para 200°C. Quebre os ovos em uma tigela grande e bata até ficarem claros e aerados. Adicione a maior parte do parmesão ralado e as ervilhas e tempere com uma pitada de sal e pimenta-do-reino. Use um descascador de legumes para fazer tiras de aspargos, descartando as extremidades fibrosas, depois pique fino as folhas de hortelã, acrescente tudo à tigela e misture.

Assim que o forno estiver na temperatura certa, tire os tomates da frigideira e regue com 1 colher (sopa) de azeite. Despeje a mistura de ovos e coloque os tomates por cima. Adicione colheradas de ricota e o que tiver sobrado do parmesão ralado. Asse por 18 minutos ou até que esteja dourado e totalmente cozido.

Sirva com pão italiano.

> Adoro fazer estes tomates desidratados, mas, se você estiver sem tempo, use tomate seco. É muito mais fácil!

Para tornar o prato vegetariano, troque o parmesão por um queijo duro sem coalho animal.

CALORIAS	GORDURA	GORDURA SATURADA	PROTEÍNA	CARBOIDRATOS	AÇÚCARES	SAL	FIBRAS
340	23,7 g	8,5 g	25,6 g	8 g	6,4 g	1,7 g	3,5 g

PASTA E FAGIOLI APIMENTADO

ABÓBORA, FEIJÃO, PIMENTA E AZEITE COM ALECRIM

SERVE 4 | 50 MINUTOS

---

300 g de abóbora

1 cenoura

azeite

4 pimentas dedo-de-moça

1 cebola

2 dentes de alho

300 g de penne integral

1 lata (400 g) de feijão borlotti cozido

400 g de tomate pelado

2 ramos de alecrim fresco

azeite extravirgem

1 colher (chá) de vinagre de vinho tinto

Pique a abóbora e a cenoura em cubos de 1 cm e leve a uma panela grande em fogo médio com 2 colheres (sopa) de azeite. Faça furos nas pimentas dedo-de-moça e jogue-as inteiras (vai dar um gosto mais delicado), depois cozinhe por 10 minutos ou até dourar levemente, mexendo sempre. Acrescente à panela a cebola e o alho picados e cozinhe por mais 1 minuto ou até amolecer e caramelizar.

Envolva o penne com um pano de prato limpo e bata com um rolo de macarrão para quebrar (força aí!), depois junte à panela com uma pitada de sal marinho e pimenta-do-reino. Acrescente o feijão (com o líquido da conserva) e os tomates e mais 1,2 litro de água. Tampe e deixe cozinhar por 20 minutos ou até encorpar e cozinhar o macarrão, mexendo de vez em quando.

No pilão, macere as folhas de alecrim com uma pitada de sal até formar uma pasta, depois acrescente 3 colheres (sopa) de azeite extravirgem e o vinagre. Espalhe por cima e sirva.

> Gosto de tirar as pimentas, transformar em uma pasta e servir com a sopa, para cada um acrescentar a gosto.

CALORIAS	GORDURA	GORDURA SATURADA	PROTEÍNA	CARBOIDRATOS	AÇÚCARES	SAL	FIBRAS
506	17,9 g	2,6 g	17,3 g	73 g	13,9 g	1,2 g	13,6 g

SHAKSHUKA DO MEU JEITO
BATATA, ABÓBORA, PIMENTÃO E HARISSA ROSA

SERVE 4 | 30 MINUTOS

200 g de batata

200 g de abóbora

azeite

3 pimentões

½ maço de salsinha fresca (15 g)

2 dentes de alho

1 colher (chá) de erva-doce

1 colher (chá) de páprica defumada

1 colher (chá) de cominho em pó

1 colher (chá) de harissa rosa

400 g de tomate pelado

4 ovos grandes

Corte as batatas e a abóbora (ambas com casca) em fatias de 1 cm de espessura. Leve a uma frigideira antiaderente em fogo médio com 1 colher (sopa) de azeite. Pique grosseiramente os pimentões (descarte as sementes) e vá juntando à frigideira. Separe as folhas de salsinha e pique bem os talos. Adicione à frigideira o alho cortado em fatias finas, os talos de salsinha, a erva-doce, a páprica e o cominho, depois tampe e deixe cozinhar por 10 minutos, mexendo sempre.

Adicione a harissa, os tomates e 100 ml de água, volte a tampar e deixe cozinhar por mais 10 minutos ou até que a batata e a abóbora tenham amolecido, mexendo de vez em quando. Tire a tampa, adicione as folhas de salsinha e tempere com uma pitada de sal marinho, depois deixe cozinhar até que o molho tenha engrossado e reduzido. Faça 4 buracos com as costas da colher, quebre os ovos ali, tampe de novo e cozinhe até que os ovos estejam como você gosta.

Gosto de servir com pão pita quente e harissa à parte.

> Também já fiz esta receita mais seca, com ovos batidos, e assei até virar uma espécie de fritada. Fica muito bom.

CALORIAS	GORDURA	GORDURA SATURADA	PROTEÍNA	CARBOIDRATOS	AÇÚCARES	SAL	FIBRAS
219	10,5 g	2,2 g	11,3 g	22,5 g	11,6 g	0,8 g	5,2 g

ARROZ FRITO COM OVO

MUITOS VERDES, MOLHO ASIÁTICO, PIMENTA E GERGELIM

SERVE 2 | 15 MINUTOS

1 pak-choi

200 g de vegetais verdes delicados, como aspargos, ervilha-torta, espinafre baby e ervilha

2 cebolinhas com bulbo

1 pimenta dedo-de-moça

1 pedaço de 2 cm de gengibre

óleo de amendoim

molho tamari

1 colher (sopa) de vinagre de vinho branco

1 sachê (250 g) de arroz basmati pronto

1 limão

2 ovos grandes

1 colher (sopa) de gergelim

2 ramos de coentro fresco

Leve uma frigideira antiaderente grande ao fogo alto. Corte o pak-choi ao meio, depois prepare os vegetais verdes como for necessário (se for usar aspargos, descarte as extremidades fibrosas e corte os talos ao meio) e leve à frigideira. Acrescente a cebolinha cortada em fatias finas, a pimenta dedo-de-moça e o gengibre bem picados. Cozinhe por 1 minuto ou até que fique levemente chamuscado, mexendo na metade do tempo, então regue com 2 colheres (sopa) de azeite, 1 colher (sopa) de tamari e o vinagre. Transfira para uma tigela de servir.

Passe o arroz para a frigideira quente, adicione raspas de limão e um pouco de água. Frite por 2 minutos e pressione para formar uma camada uniforme. Bata os ovos e despeje por cima, polvilhe o gergelim e adicione um pouco de tamari, depois tampe e desligue o fogo. Espere 2 minutos (os ovos vão cozinhar no calor residual) e sirva com os vegetais, as folhas de coentro e fatias de limão para espremer por cima.

> É claro que você pode cozinhar o arroz basmati, se preferir. Caso esteja usando sobras, passe-as pela água fria e depois escorra — isso dá uma revigorada no arroz!

CALORIAS	GORDURA	GORDURA SATURADA	PROTEÍNA	CARBOIDRATOS	AÇÚCARES	SAL	FIBRAS
426	22,3 g	4,9 g	17,4 g	41,3 g	3,9 g	1,2 g	4,6 g

BRUNCH

TIGELAS DE BRUNCH AO ESTILO AUSTRALIANO

AVOCADO, OVOS, BROTOS E VEGETAIS, MOLHO DE DAMASCO, PIMENTA E TOMATE

SERVE 4 | 15 MINUTOS

4 ovos grandes

80 g de fava

80 g de espinafre baby

80 g de brotos mistos

40 g de sementes mistas

½ pepino

1 tomate maduro

1 avocado maduro

40 g de nozes sem sal

1 maço de ervas frescas, como coentro, salsinha e hortelã (30 g)

1 maço de rabanetes, de preferência com as folhas

1 pimenta dedo-de-moça

8 damascos secos

8 tomates-cereja maduros

azeite extravirgem

½ limão-siciliano

Cozinhe os ovos em uma panela com água fervente em fogo médio-alto por 5 minutos e meio, depois escorra, resfrie na água corrente e tire a casca. Prepare todos os vegetais e vá dividindo em pequenas pilhas em 4 tigelas: amasse levemente a fava no pilão, distribua o espinafre, os brotos e as sementes. Pique o pepino, fatie o tomate, corte o avocado em quatro, amasse as nozes e separe a maior parte das folhas das ervas, depois arrume com os rabanetes nas tigelas. Corte os ovos ao meio e acrescente também.

Para o molho, pique grosseiramente a pimenta dedo-de-moça (sem semente, se preferir) e macere no pilão com o restante das folhas de ervas, até formar uma pasta. Acrescente os damascos e os tomates-cereja também picados grosseiramente e macere — talvez você tenha que dividir em etapas. Acrescente 3 colheres (sopa) de azeite e sumo de limão-siciliano, tempere com sal e pimenta-do-reino a gosto e transfira para as 4 tigelas.

Misture bem e sirva com pão ou torrada.

> Para mim, este prato vai mudando ao longo do ano, conforme a sazonalidade dos vegetais, sem cair na mesmice. Divirta-se trocando os vegetais e as nozes e deixe-o com a sua cara.

CALORIAS	GORDURA	GORDURA SATURADA	PROTEÍNA	CARBOIDRATOS	AÇÚCARES	SAL	FIBRAS
437	34,2 g	5,7 g	17,5 g	18 g	13,6 g	0,3 g	5,9 g

QUEIJO HALLOUMI COM MEL, FIGOS E PÃO PITA

SALADA, IOGURTE, TAHINE, OVOS E DUKKAH

SERVE 4 | 20 MINUTOS

4 ovos grandes

1 alface

4 ramos de hortelã fresca

1 tomate maduro

½ pepino

2 colheres (sopa) de iogurte natural

2 colheres (sopa) de tahine

1 limão-siciliano

225 g de queijo halloumi

azeite

2 colheres (sopa) de gergelim

4 colheres (chá) de mel

4 figos maduros

8 azeitonas pretas

1 colher (sopa) de dukkah

4 pães pita

Cozinhe os ovos em uma panela de água fervente em fogo médio-alto por 5 minutos e meio, depois escorra, resfrie na água corrente e tire a casca. Pique a alface, as folhas de hortelã, o tomate e o pepino. Regue com o iogurte e o tahine, esprema o limão-siciliano por cima e misture. Tempere com sal marinho e pimenta-do-reino a gosto.

Corte o halloumi em 4 no sentido do comprimento, depois leve a uma frigideira antiaderente grande em fogo médio com 1 colher (sopa) de azeite. Frite por 2 minutos de cada lado, polvilhe o gergelim, pressione e vire para cobrir por inteiro. Transfira para um prato e regue com mel. Corte os figos em 4 e as azeitonas ao meio, corte os ovos ao meio e polvilhe dukkah. Sirva com pão pita quente, para cada um montar seu prato.

> Há muitas maneiras de modificar esta salada, acrescentando grãos, folhas, molhos ou frutas. É uma questão de escolha, contraste e variedade. É deliciosa!

CALORIAS	GORDURA	GORDURA SATURADA	PROTEÍNA	CARBOIDRATOS	AÇÚCARES	SAL	FIBRAS
536	33,4 g	13,2 g	28,2 g	31,1 g	14,3 g	2,5 g	4 g

PANQUECAS DE ESPINAFRE

AVOCADO, TOMATE, QUEIJO COTTAGE, PIMENTA E COENTRO

SERVE 6 | 25 MINUTOS

1 avocado maduro

350 g de tomate-cereja maduro

100 g de espinafre baby

3 cebolinhas com bulbo

½ maço de coentro fresco (15 g)

1 limão

azeite extravirgem

1 ovo grande

1 xícara (chá) de farinha de trigo com fermento

1 xícara (chá) de leite semidesnatado

azeite

300 g de queijo cottage

molho de pimenta picante

Corte o avocado em fatias finas e os tomates em quatro e transfira para uma saladeira, acrescentando ¼ do espinafre. Adicione as cebolinhas bem picadas, as folhas de coentro e esprema o limão por cima. Regue com 1 colher (sopa) de azeite extravirgem, tempere com sal e pimenta-do-reino a gosto, misture e reserve.

Quebre o ovo no liquidificador, adicione a farinha, o leite, o restante do espinafre e uma pitada de sal e pimenta-do-reino, depois bata até ficar homogêneo. Leve uma frigideira antiaderente grande ao fogo médio, levemente untada com azeite. Despeje uma camada fina da massa, girando a frigideira para chegar às bordas. Cozinhe só de um lado por 2 minutos ou até ficar levemente dourada, depois transfira para um prato e repita o processo.

Cubra cada panqueca com colheradas de queijo cottage, a salada de avocado e um pouco de molho de pimenta. Fica ótimo com limão espremido e um ovo frito por cima, se quiser.

> Em vez de espinafre, você pode usar uma mistura de ervas, como salsinha, hortelã, manjericão e estragão — ou o que quiser!

CALORIAS	GORDURA	GORDURA SATURADA	PROTEÍNA	CARBOIDRATOS	AÇÚCARES	SAL	FIBRAS
331	13,3 g	4 g	13,5 g	42,3 g	6,3 g	1,2 g	3 g

CURRY DE OVOS

PÃES DE IOGURTE BEM FOFINHOS, COENTRO, LIMÃO-SICILIANO E PIMENTA FRESCA

SERVE 6 | 30 MINUTOS

2 cebolas

2 dentes de alho

1 pedaço de 2 cm de gengibre

2 pimentas dedo-de-moça

azeite

2 colheres (sopa) de pasta de curry korma

9 ovos grandes

400 g de tomate pelado

400 ml de leite de coco light

200 g de farinha de trigo com fermento e mais um pouco para polvilhar

150 g de iogurte natural

½ maço de coentro fresco (15 g)

1 limão-siciliano

Pique bem fino as cebolas, o alho, o gengibre e a pimenta-dedo-de-moça. Leve tudo a uma panela grande em fogo alto com 1 colher (sopa) de azeite e refogue por 10 minutos ou até amolecer, mexendo sempre. Adicione a pasta de curry e uma boa pitada de sal marinho, em seguida cozinhe por mais 5 minutos ou até ficar viscoso e ligeiramente caramelizado, ainda sem parar de mexer. Enquanto isso, cozinhe os ovos em uma panela com água fervente em fogo médio-alto por 7 minutos, depois escorra, resfrie sob água corrente e tire a casca.

Adicione os tomates e o leite de coco à panela. Deixe cozinhar em fogo baixo por 10 minutos, mexendo de vez em quando. Nos últimos 5 minutos, acrescente os ovos cortados ao meio. Enquanto isso, coloque em uma tigela a farinha, o iogurte, 2 colheres (sopa) de azeite e uma pitada de sal e misture até formar uma massa. Divida-a em duas e abra cada parte sobre uma superfície enfarinhada até chegar a 1 cm de espessura. Asse um pão de cada vez em uma frigideira antiaderente em fogo médio por 3 minutos ou até dourar, virando na metade do tempo.

Adicione as folhas de coentro bem picadinhas ao curry e tempere a gosto. Corte o pão (com as mãos mesmo) e coloque uma colherada de curry por cima. Cubra com a pimenta dedo-de-moça restante bem picada. Sirva com fatias de limão, para espremer por cima, e uma colherada de iogurte, se quiser.

> Você pode enriquecer ainda mais este curry acrescentando queijo paneer, grão-de-bico ou feijão-manteiga. E não se reprima se preferir arroz ao pão!

CALORIAS	GORDURA	GORDURA SATURADA	PROTEÍNA	CARBOIDRATOS	AÇÚCARES	SAL	FIBRAS
415	22,7 g	7,8 g	17,1 g	37,2 g	10,2 g	1,7 g	3,6 g

POLENTA CROCANTE COM VEGETAIS
MOLHO DE JALAPEÑO, OVOS FRITOS, COGUMELOS E AVOCADO

SERVE 4 | **40 MINUTOS, MAIS O TEMPO DE A POLENTA ENDURECER**

150 g de polenta instantânea

20 g de parmesão

azeite

200 g de jalapeño em conserva

1 maço de coentro fresco (30 g)

400 g de tomate pelado

200 g de mix de cogumelos

1 avocado maduro

1 limão

4 ovos grandes

Cozinhe a polenta em uma panela com água fervente e salgada, seguindo as instruções da embalagem e mexendo sempre para evitar que empelote. Ela vai estar pronta quando soltar facilmente do fundo — a consistência deve ser densa. Tire do fogo, acrescente o parmesão e misture. Transfira para uma assadeira untada de 15 × 20 cm (de modo que ela fique com 2,5 cm de altura) e passe o garfo no topo para dar textura. Deixe descansar.

Leve o jalapeño em conserva ao liquidificador (com o líquido da conserva), adicione o coentro com o talo e bata até ficar homogêneo. Devolva ao vidro da conserva — o molho pode ser armazenado na geladeira por algumas semanas e incrementar outras refeições. Ponha os tomates em uma panela pequena e use um amassador de batata para deixar bem homogêneo, depois tempere a gosto e deixe cozinhar em fogo médio. Quando a polenta estiver dura, corte em 4 cunhas e leve a uma frigideira antiaderente grande em fogo médio com 1 colher (sopa) de azeite. Quando estiver bem dourado de um lado, vire, acrescente os cogumelos nas laterais da frigideira e continue virando de vez em quando até amolecerem.

Corte o avocado em fatias finas e esprema o limão por cima. Transfira o molho de tomate para os pratos, acrescente as fatias de polenta e os cogumelos, depois frite os ovos e coloque por cima. Regue com o molho de jalapeño a gosto, adicione o avocado e aproveite!

> Às vezes, para incrementar, acrescento espinafre baby ao avocado e esfarelo um pouco de feta.

Para tornar o prato vegetariano, troque o parmesão por um queijo duro sem coalho animal.

CALORIAS	GORDURA	GORDURA SATURADA	PROTEÍNA	CARBOIDRATOS	AÇÚCARES	SAL	FIBRAS
340	16,4 g	4,4 g	14 g	34,5 g	4,4 g	1,2 g	2,5 g

SCONES DE ABOBRINHA E FETA
OVOS FRITOS ESPECIAIS, TOMATE, HORTELÃ E PIMENTA

SERVE 2 + 12 SCONES DE SOBRA | **45 MINUTOS, MAIS O TEMPO NA GELADEIRA**

- 500 g de abobrinha
- 500 g de farinha de trigo com fermento
- 2 colheres (chá) de fermento em pó
- 150 g de manteiga sem sal (gelada)
- 2 colheres (chá) de pimenta calabresa em flocos
- 200 g de queijo feta
- 4 ovos grandes
- 1 pimenta dedo-de-moça
- azeite
- 4 ramos de hortelã fresca
- 150 g de tomate-cereja maduro

Preaqueça o forno a 200°C. Passe as abobrinhas pela parte grossa do ralador (descartando o miolo) e transfira para uma tigela grande com uma pitada de sal marinho. Esprema um pouco e reserve. Em outra tigela, junte a farinha, o fermento e uma pitada de sal, depois incorpore a manteiga picada. Esprema bastante as abobrinhas, para tirar o excesso de água, e junte à mistura, adicionando também a pimenta calabresa em flocos e o feta esfarelado. Faça um buraco no meio e quebre ali 3 ovos, depois misture até formar uma massa (não mexa demais para não perder a textura crocante). Embrulhe em filme plástico e leve à geladeira por 15 minutos.

Abra a massa gelada em uma superfície enfarinhada até chegar a 3 cm de espessura, depois faça os scones com um cortador redondo de 6 cm. Transfira para uma assadeira untada e asse por 20 minutos ou até dourarem. Enquanto esfriam, corte a pimenta dedo-de-moça em fatias finas. Leve uma frigideira antiaderente grande com 1 colher (sopa) de azeite ao fogo médio e acrescente, no meio dela, metade da pimenta dedo-de-moça e metade das folhas de hortelã, depois quebre um ovo por cima. Adicione metade do tomate na beira da frigideira, tampe e deixe cozinhar por 2 minutos ou até chegar ao ponto de sua preferência, depois sirva e repita.

Fica ótimo com uma xícara de chá de hortelã bem forte.

> Os scones podem ser congelados crus e ir direto para o forno a 180°C por 35 minutos.

CALORIAS	GORDURA	GORDURA SATURADA	PROTEÍNA	CARBOIDRATOS	AÇÚCARES	SAL	FIBRAS
411	26,3 g	10,5 g	15,1 g	31,3 g	4 g	1,6 g	1,9 g

BATATA ROSTI COM AVOCADO E JALAPEÑO
TOMATES ASSADOS, CEBOLINHA, COENTRO E OVOS POCHÉS

SERVE 4 | 35 MINUTOS

250 g de tomate-cereja maduro com rama

azeite

800 g de batata

4 cebolinhas com bulbo

2 pimentas jalapeño frescas

1 avocado maduro

20 g de parmesão

4 ovos grandes

4 ramos de coentro fresco

1 limão

Preaqueça o forno a 190°C. Coloque os tomates em uma assadeira, regue com 1 colher (sopa) de azeite, tempere com sal marinho e pimenta-do-reino e asse por 30 minutos. Enquanto isso, passe as batatas pela parte grossa do ralador, depois envolva com um pano de prato limpo e aperte para secar. Leve ao fogo médio uma frigideira antiaderente grande e que possa ir ao forno. Pique grosseiramente a cebolinha e o jalapeño (descartando as sementes, se preferir), corte o avocado em fatias finas e misture tudo. Passe para a frigideira com 1 colher (sopa) de azeite e cozinhe por 5 minutos, mexendo de vez em quando. Adicione metade do parmesão ralado e tempere com sal e pimenta-do-reino, depois pressione tudo para formar uma camada uniforme. Cozinhe por 10 minutos ou até dourar e ficar crocante embaixo e então transfira para o forno e deixe mais 10 minutos.

Enquanto isso, faça os ovos pochés. Vire a batata rosti em uma tábua (deve estar macia e crocante), depois cubra com o restante do parmesão ralado. Distribua entre os pratos, ponha os tomates e os ovos pochés por cima e finalize com as folhas de coentro. Sirva com fatias de limão, para espremer por cima.

> Eu acho que o avocado fica delicioso cozido — mas nem todos concordam com isso. Se você não gosta, deixe-o de fora da batata rosti e sirva fresco por cima.

Para tornar o prato vegetariano, troque o parmesão por um queijo duro sem coalho animal.

CALORIAS	GORDURA	GORDURA SATURADA	PROTEÍNA	CARBOIDRATOS	AÇÚCARES	SAL	FIBRAS
377	19,9 g	4,6 g	14,4 g	38,1 g	4,3 g	1,3 g	3,6 g

CONGEE QUENTINHO

OVOS COZIDOS, SHITAKE, PIMENTA E CEBOLINHA

SERVE 4 | 1 HORA

4 dentes de alho

1 pedaço de 4 cm de gengibre

250 g de arroz jasmim

1,5 litro de caldo de legumes

1 anis-estrelado

250 g de shitake

óleo de amendoim

4 ovos grandes

2 cebolinhas com bulbo

1 pimenta dedo-de-moça

2 ramos de coentro fresco

1 colher (sopa) de gergelim preto

shoyu light

Preaqueça o forno a 200°C. Num pilão, macere o alho e o gengibre até formar uma pasta e transfira para uma panela grande em fogo médio. Adicione o arroz, o caldo de legumes, 500 ml de água, o anis-estrelado, uma pitada de sal marinho e um pouco de pimenta-do-reino. Deixe ferver, depois cozinhe em fogo baixo por 45 minutos ou até chegar a uma consistência de mingau, quebrando com uma colher de madeira quando começar a engrossar e afinando com um pouco de água, se necessário.

Quando faltarem 30 minutos, prepare os cogumelos, temperando-os com 1 colher (sopa) de azeite e uma pitadinha de sal e pimenta-do-reino. Espalhe-os em uma única camada em assadeiras untadas e leve ao forno por 20 minutos ou até ficarem dourados e crocantes (o sabor e a textura ficam incríveis).

Enquanto isso, cozinhe os ovos em uma panela com água fervente em fogo médio-alto por 5 minutos e meio, escorra, resfrie sob água corrente, tire a casca e corte ao meio. Pique a cebolinha, fatie a pimenta dedo-de-moça e separe as folhas de coentro. Distribua o congee em tigelas, descartando o anis-estrelado. Cubra cada prato com um ovo, os cogumelos, a cebolinha, a pimenta e as folhas de coentro, depois polvilhe o gergelim. Sirva com shoyu a gosto.

> Um congee quentinho fica especialmente bom com um picles rápido de cenoura e repolho no vinagre de arroz.

CALORIAS	GORDURA	GORDURA SATURADA	PROTEÍNA	CARBOIDRATOS	AÇÚCARES	SAL	FIBRAS
394	12,4 g	2,7 g	17,3 g	58,1 g	2 g	1 g	2,4 g

SANDUÍCHE APIMENTADO RÁPIDO

OVO COZIDO, QUEIJO FETA E ERVILHA, MOLHINHO DE TOMATE

SERVE 1 | 10 MINUTOS

¼ de cebola roxa

1 pimenta dedo-de-moça verde

1 tortilha grande de trigo

1 ovo grande

15 g de queijo feta

30 g de ervilha fresca ou congelada

curry em pó

100 g de tomate-cereja maduro

1 pedaço de 0,5 cm de gengibre

azeite extravirgem

1 limão

2 ramos de coentro fresco

1 colher (sopa) de iogurte natural

Corte a cebola e a pimenta dedo-de-moça verde em fatias finas. Quebre um ovo sobre a tortilha e, com cuidado e usando os dedos, movimente a gema sem quebrá-la. A clara deve chegar às beiradas e a gema deve ficar bem no meio. Adicione em uma metade o feta esfarelado, a cebola, a pimenta dedo-de-moça e as ervilhas. Polvilhe ½ colher (chá) de curry e dobre a tortilha ao meio. Com cuidado, transfira para uma frigideira antiaderente grande em fogo médio-baixo e cozinhe por 3 minutos de cada lado para uma gema mole, ou, se preferir mais dura, deixe mais tempo.

Enquanto isso, rale 2 tomates e o gengibre, regue com 1 colher (chá) de azeite, corte os tomates restantes em quatro e incorpore tudo. Esprema meio limão, misture e tempere com sal marinho e pimenta-do-reino a gosto. Adicione as folhas de coentro.

Corte o sanduíche ao meio e sirva com o molhinho de tomate, o iogurte, mais uma pitada de curry em pó e sumo de limão.

> Este é um prato bastante flexível, que serve para a família toda. Deixe a pimenta e o curry de fora para as crianças e use mais para os adultos que, como eu, adoram comida picante.

CALORIAS	GORDURA	GORDURA SATURADA	PROTEÍNA	CARBOIDRATOS	AÇÚCARES	SAL	FIBRAS
389	16,7 g	6 g	19,7 g	39 g	10,3 g	1,2 g	9 g

PANQUECAS DE TRIGO-SARRACENO
RUIBARBO E AMEIXA ASSADOS, IOGURTE E AVELÃS

SERVE 4 | 30 MINUTOS

2 ovos grandes

180 g de farinha de trigo-sarraceno

300 ml de leite semidesnatado

300 g de ruibarbo

8 ameixas maduras

2 laranjas, sanguíneas ou não

4 colheres (sopa) de mel

1 ramo de alecrim fresco

40 g de avelãs branqueadas

manteiga sem sal

4 colheres (sopa) de iogurte grego

Preaqueça o forno a 180°C. Quebre os ovos em uma tigela, acrescente a farinha, o leite e uma pitada de sal e bata até ficar homogêneo. Mantenha na geladeira até a hora de usar.

Corte os ruibarbos em pedaços de 4 cm e leve a uma assadeira de 25 × 35 cm. Corte as ameixas ao meio, descarte os caroços e transfira para uma assadeira, com a parte cortada para cima. Jogue raspas e sumo de laranja por cima, depois regue com o mel. Acrescente o ramo de alecrim (vai dar um perfume sutil e delicioso) e asse por 30 minutos ou até amolecerem e começarem a caramelizar.

Amasse levemente as avelãs no pilão, depois toste-as (sem óleo) em uma frigideira antiaderente em fogo médio até dourarem e transfira para uma tigela. Volte a frigideira ao fogo com um pouco de manteiga. Despeje 1 concha da massa na frigideira (se precisar, afine antes com um pouco de água), girando para distribuir até as beiradas. Cozinhe até dourar levemente dos dois lados e transfira para um prato. Sirva conforme forem saindo, com uma colherada de iogurte, um quarto das frutas e um punhado de avelãs, usando o líquido da assadeira das frutas para regar. Fica uma maravilha!

> A farinha de trigo-sarraceno dá um sabor especial a este prato, mas você também pode usar farinha de trigo integral, se preferir.

CALORIAS	GORDURA	GORDURA SATURADA	PROTEÍNA	CARBOIDRATOS	AÇÚCARES	SAL	FIBRAS
446	15,8 g	4,7 g	15,8 g	62,9 g	33,8 g	0,8 g	4,9 g

CREME DE BANANA COM COMPOTA DE MIRTILO

GRANOLA CROCANTE, UM TOQUE DE LIMÃO

SERVE 4 | 25 MINUTOS

50 g de sementes e oleaginosas sem sal

150 g de aveia em flocos grossos

azeite

mel

1 colher (sopa) de coco ralado seco sem açúcar e mais um pouco para finalizar

300 g de mirtilo congelado

3 bananas maduras

300 g de iogurte natural

1 colher (chá) de extrato de baunilha

½ limão

Preaqueça o forno a 180°C. Pique grosseiramente as sementes e as oleaginosas, depois transfira para uma tigela grande com metade da aveia. Regue com ½ colher (sopa) de azeite e ½ de mel e misture bem. Espalhe uniformemente por uma assadeira untada e asse por 20 minutos ou até dourarem levemente, depois tire do forno e acrescente o coco.

Enquanto isso, em uma frigideira pequena, aqueça os mirtilos e ½ colher (sopa) de mel em fogo médio por 5 minutos, mexendo de vez em quando e acrescentando um pouco de água para afinar, se necessário. No liquidificador, bata 2 bananas, o iogurte, a baunilha e o restante da aveia até ficar homogêneo. Distribua ¾ do creme entre 4 tigelas, depois acrescente metade da compota de mirtilo ao que restou e bata no liquidificador. Distribua entre as tigelas e acrescente o restante da compota. Descasque e fatie a banana restante, misture com o sumo do limão e acrescente à tigela com a granola quente e mais um pouco de coco ralado.

> Quando as bananas estiverem maduras demais, quase passando do ponto, pique-as e congele — elas dão um toque ligeiramente mais encorpado e refrescante a smoothies.

CALORIAS	GORDURA	GORDURA SATURADA	PROTEÍNA	CARBOIDRATOS	AÇÚCARES	SAL	FIBRAS
409	14,9 g	4,3 g	12,1 g	60,3 g	30,8 g	0,1 g	5,5 g

WAFFLES COM BANANA CARAMELADA

IOGURTE CREMOSO, AMÊNDOAS LAMINADAS E ROMÃ

SERVE 4 | **30 MINUTOS**

150 g de farinha de trigo integral com fermento

1 colher (chá) de fermento em pó

1 colher (chá) de canela em pó

4 tâmaras grandes

3 bananas maduras

2 ovos grandes

250 ml de leite semidesnatado

azeite

20 g de amêndoas laminadas

2 colheres (sopa) de xarope de bordo

½ romã

4 colheres (sopa) de iogurte natural

Coloque a farinha, o fermento, a canela e as tâmaras no liquidificador. Acrescente 1 banana, os ovos e o leite e bata até formar uma massa grossa e homogênea. Ligue a máquina de waffle e unte com um pouco de azeite. Quando estiver bem quente, adicione 1 concha de massa e feche, então siga as instruções do fabricante, tirando quando o waffle estiver dourado e cozido (em geral, isso leva 7 minutos), depois repita. As máquinas de waffle variam um pouco, tanto no tamanho quanto na temperatura, por isso você vai precisar recorrer aos seus instintos e fazer ajustes.

Enquanto isso, toste (sem óleo) as amêndoas em uma frigideira antiaderente em fogo médio até dourarem levemente e transfira para uma tigela, voltando a frigideira ao fogo depois. Pique as bananas em rodelas de 1 cm de espessura e leve à frigideira com o xarope de bordo. Cozinhe até dourarem e caramelizarem, mexendo suavemente. Segure a romã com o interior virado para baixo e bata com uma colher até que todas as sementes caiam.

Coloque cada waffle pronto em um prato, adicione uma colherada de iogurte e cubra com a banana caramelada, as amêndoas tostadas e as sementes de romã.

> Estes waffles ficam maravilhosos com chocolate, é claro. Mas não precisa exagerar: faça raspas finas para deixá-los lindos e com um sabor incrível!

CALORIAS	GORDURA	GORDURA SATURADA	PROTEÍNA	CARBOIDRATOS	AÇÚCARES	SAL	FIBRAS
337	9,4 g	2,5 g	13,2 g	53,6 g	25,5 g	0,5 g	5,4 g

SEXTOU

PEPINO AMASSADO COM SHOYU

GERGELIM TOSTADO, VINAGRE BALSÂMICO, PIMENTA-DE-SICHUAN

SERVE 4 | 10 MINUTOS

1 pepino grande

½-1 colher (chá) de pimenta calabresa em flocos

½-1 colher (chá) de pimenta-de-sichuan

2 colheres (sopa) de gergelim

2 colheres (sopa) de shoyu light

2 colheres (sopa) de vinagre balsâmico

1 colher (chá) de óleo de gergelim

Passe um garfo pela casca do pepino para formar ranhuras. Com o punho, amasse o pepino, depois fatie grosseiramente e transfira para uma tigela, temperando com uma boa pitada de sal. Esprema bastante e deixe por 5 minutos.

No pilão, macere bastante a pimenta calabresa em flocos e a pimenta-de-sichuan, depois junte o gergelim e quebre levemente. Passe tudo para uma frigideira antiaderente seca e toste em fogo médio até dourar bem, mexendo constantemente.

Esprema bem os pepinos para remover o líquido salgado e transfira-os para a tigela de servir. Regue com o shoyu, o vinagre balsâmico e o óleo de gergelim, misture e jogue as sementes quentinhas por cima.

Fica maravilhoso com batata chips e sua bebida alcoólica predileta.

> Esse método também funciona muito bem com cenouras (use um rolo de macarrão), rabanete branco ou comum. Eu adoro!

CALORIAS	GORDURA	GORDURA SATURADA	PROTEÍNA	CARBOIDRATOS	AÇÚCARES	SAL	FIBRAS
56	3,9 g	0,5 g	2,8 g	2,8 g	2,2 g	1,3 g	1,1 g

SANDUÍCHE DE KIMCHI
CROSTA DE QUEIJO CROCANTE

SERVE 1 | 10 MINUTOS

2 fatias de pão de fôrma

40 g de cheddar inglês

40 g de kimchi

Coloque uma fatia de pão sobre uma tábua e cubra com ⅓ do queijo ralado. Pique bem o kimchi e espalhe por cima do queijo, até a borda do pão, depois cubra com metade do queijo ralado restante. Coloque a segunda fatia de pão por cima e transfira para uma frigideira antiaderente grande em fogo médio. Toste por 2 minutos de cada lado ou até ficar bem dourado e tire do fogo. Rale o restante do queijo e espalhe pela frigideira, depois ponha o sanduíche por cima. Após 30 segundos (ou quando o queijo estiver bem dourado), tire o sanduíche usando uma espátula — o queijo vai pender das laterais e endurecer em cerca de 20 segundos — e vire com cuidado: você vai ver a linda crosta de queijo crocante.

É claro que dá para comer o sanduíche inteiro, mas em geral corto em pedacinhos e transformo em aperitivo para acompanhar uma cerveja gelada.

> Às vezes, sirvo com uma tigelinha de oleaginosas moídas que vão em cima do queijo, para ficar ainda mais saboroso e crocante.

CALORIAS	GORDURA	GORDURA SATURADA	PROTEÍNA	CARBOIDRATOS	AÇÚCARES	SAL	FIBRAS
352	15,5 g	8,6 g	17,4 g	37,5 g	2,6 g	1,9 g	2,8 g

HOMUS BÁSICO
E VARIAÇÕES DELICIOSAS

SERVE 6 | 5 MINUTOS, MAIS O TEMPO DAS COBERTURAS

1 lata (400 g) de grão-de-bico cozido

2 colheres (sopa) de tahine

½ dente de alho

½ limão-siciliano

azeite extravirgem

4 ramos de salsinha fresca

páprica defumada

Escorra o grão-de-bico e leve-o ao liquidificador com o tahine, o alho descascado, o sumo de limão-siciliano e 4 colheres (sopa) de azeite, depois bata até atingir a consistência que preferir, bem homogêneo ou mantendo certa textura. Afine com um pouco de água, se necessário. Tempere com sal marinho e pimenta-do-reino a gosto e transfira para uma travessa ou tigela. Esse é o homus básico, o prato que aparece na parte de baixo da foto. Para decorar, faça quatro montinhos com a salsinha bem picada e alterne com pitadas de páprica defumada.

O prato à esquerda é o **homus básico** com uma bela colherada de **harissa**. Fica delicioso!

Para fazer o de cima, é só reservar alguns grãos-de-bico inteiros, depois temperar o **homus básico** com **sumo de limão-siciliano** e **azeite extravirgem**, colocar os grãos por cima e finalizar com uma boa colherada de **tahine**.

E, por último, o **homus básico** da direita tem uma cobertura de feijão-preto. Frite 200 g de **feijão-preto** cozido até ficar crocante, depois acrescente ½ colher (sopa) de **azeite extravirgem** e ½ colher (chá) de **páprica defumada**. Salpique **salsinha** bem picada e polvilhe uma ou duas pitadas de páprica. Delicioso!

Independentemente da opção que escolher, finalize sempre com um fio de azeite extravirgem.

CALORIAS	GORDURA	GORDURA SATURADA	PROTEÍNA	CARBOIDRATOS	AÇÚCARES	SAL	FIBRAS
146	11,8 g	1,7 g	3,6 g	6,3 g	0,3 g	0 g	2,3 g

TACOS DE BATATA-DOCE

CESTINHAS CROCANTES E MOLHINHO DE MAÇÃ E PIMENTA

RENDE 4 | 1 HORA E 15 MINUTOS

1 batata-doce grande (300 g)

1 colher (chá) de páprica defumada

2 limões

1 tomate maduro

¼ de cebola roxa

4 ramos de hortelã fresca

½ maçã

½ pimenta dedo-de-moça

1 tortilha grande de trigo

Preaqueça o forno a 180°C. Polvilhe a batata-doce (com casca) com páprica defumada e asse por 1 hora ou até ficar macia. Enquanto isso, esprema o limão em uma tigela. Pique muito bem o tomate (sem as sementes), a cebola, as folhas de hortelã, a maçã e a pimenta dedo-de-moça e junte à tigela do limão.

Tire a casca da batata-doce e reserve. Divida a tortilha em 4 e coloque-as em uma fôrma de cupcake, para que fiquem em formato de trouxinhas (vão ficar irregulares, mas é parte do charme). Asse por 10 minutos ou até que fiquem douradas e crocantes, adicionando a casca da batata-doce ao forno nos últimos 5 minutos. Amasse a batata-doce e tempere com sal e pimenta-do-reino a gosto, depois divida entre as tortilhas e cubra com o molhinho de maçã e pimenta e a casca crocante. Sirva com uma cerveja gelada — que maravilha!

> Você pode rechear os tacos com purê de outros vegetais. Fica muito bom com abóbora, cenoura e batata-doce roxa.

CALORIAS	GORDURA	GORDURA SATURADA	PROTEÍNA	CARBOIDRATOS	AÇÚCARES	SAL	FIBRAS
127	1,3 g	0,5 g	2,6 g	28 g	7,9 g	0,3 g	1,4 g

PALITOS DE POLENTA
PARMESÃO E ALECRIM CROCANTES

SERVE 8 | **1 HORA E 30 MINUTOS, MAIS O TEMPO DE ENDURECER**

400 g de polenta instantânea

40 g de parmesão

azeite

4 ramos de alecrim fresco

Cozinhe a polenta em uma panela com água fervente e salgada, de acordo com as instruções da embalagem, mexendo sempre para não empelotar. Ela vai estar pronta quando soltar facilmente do fundo da panela — a consistência deve ser densa. Tire do fogo, acrescente metade do parmesão ralado e mexa, depois transfira para uma assadeira untada e passe o garfo por cima para formar ranhuras e dar textura. Deixe endurecer.

Preaqueça o forno a 180°C. Corte a polenta em palitos ou cunhas, regue com um pouco de azeite e disponha em uma única camada em assadeiras antiaderentes grandes. Asse por 50 minutos ou até ficar bem dourado e crocante, virando e cobrindo com as folhas de alecrim nos últimos 10 minutos. Salpique o restante do parmesão ralado e aproveite!

> Embora eu adore a simplicidade dos sabores desta receita, você também pode acrescentar ingredientes mais elaborados, como tapenade, pastas, pesto ou ervas picadas, antes de a polenta endurecer.

Para tornar o prato vegetariano, troque o parmesão por um queijo duro sem coalho animal.

CALORIAS	GORDURA	GORDURA SATURADA	PROTEÍNA	CARBOIDRATOS	AÇÚCARES	SAL	FIBRAS
236	5,9 g	1,8 g	5,3 g	39,9 g	0,3 g	0,2 g	1,6 g

NACHOS CASEIROS

TOMATE COM PIMENTA, QUEIJO, CEBOLINHA E LIMÃO

SERVE 2 | 15 MINUTOS

2 cebolinhas com bulbo

2 colheres (sopa) de cream cheese light

1 limão

2 tortilhas grandes de trigo

1 pimenta dedo-de-moça

100 g de tomate-cereja maduro

azeite

2 ramos de coentro fresco

Fatie a cebolinha e misture com o cream cheese, o sumo de ½ limão e um pouco de água, até chegar a uma boa consistência. Corte as tortilhas grosseiramente e leve a uma frigideira antiaderente grande em fogo médio, idealmente em uma camada. Vire regularmente até ficarem douradas e crocantes, depois transfira para um prato.

Corte a pimenta em fatias finas e os tomates em quatro, temperando com sal marinho e pimenta-do-reino. Regue a frigideira com 1 colher (sopa) de azeite, devolva ao fogo médio, acrescente a pimenta dedo-de-moça e o tomate e esprema a outra metade do limão. Mexa vigorosamente por 1 minuto, depois verta o conteúdo sobre as tortilhas crocantes. Distribua o cream cheese temperado e salpique as folhas de coentro por cima.

Sirva com sua cerveja preferida ou uma taça de vinho branco gelado.

> Abacate amassado, feijão-preto quente e cheddar ralado são ótimas alternativas de acompanhamento.

CALORIAS	GORDURA	GORDURA SATURADA	PROTEÍNA	CARBOIDRATOS	AÇÚCARES	SAL	FIBRAS
243	7,3 g	3,8 g	8,1 g	38,5 g	5,2 g	1,8 g	3,3 g

TORRADAS ACEBOLADAS
MANTEIGA ESPECIAL E QUEIJO DERRETIDO

SERVE 6 | 15 MINUTOS

60 g de manteiga sem sal (em temperatura ambiente)

1 colher (sopa) de molho HP

½ pão multigrãos

60 g de cheddar inglês

6 cebolas em conserva

Preaqueça o forno a 180°C. Amasse a manteiga com o garfo e misture com o molho HP. Fatie o pão o mais fino que conseguir, passe a manteiga e distribua em assadeiras grandes, em uma única camada. Rale o queijo por cima e asse por 10 minutos ou até ficar dourado e crocante. Corte a cebola em conserva em rodelas finas e separe em anéis, depois espalhe sobre a torrada quente.

Fica delicioso com fatias de maçã e uma taça de sidra gelada.

> Em pedaços menores, estas torradas se transformam em excelentes croûtons para sopa ou para uma salada com alface e broto de agrião.

CALORIAS	GORDURA	GORDURA SATURADA	PROTEÍNA	CARBOIDRATOS	AÇÚCARES	SAL	FIBRAS
302	16,7 g	8 g	9,4 g	30,7 g	3,7 g	1 g	4,4 g

PICLES SIMPLES
VEGETAIS DA ÉPOCA, ERVAS E TEMPEROS PARA COMPLEMENTAR

RENDE 1 POTE GRANDE | 15 MINUTOS

500 ml de água mineral

500 ml de vinagre de maçã

500 g de vegetais, como cenoura, alcachofra, rabanete, pepino, aipo, aspargos, vagem, couve-flor, brócolis e beterraba

alguns ramos de ervas frescas, como alecrim, tomilho, louro, estragão, funcho e manjerona

1 colher (chá) de temperos, como sementes de mostarda, cardamomo, erva-doce, cominho em grãos, pimentas secas e cúrcuma

opcional: ingredientes aromáticos, como alho, pimentas frescas, cúrcuma, gengibre e raiz-forte

Esta é uma ótima receita de picles: oferece uma boa base, mas também permite muita flexibilidade de vegetais, temperos e condimentos. Dê asas à criatividade e experimente diferentes combinações.

Leve a água, o vinagre e 30 g de sal marinho a uma panela grande e deixe ferver. Selecione os vegetais que pretende usar, lave-os e pique-os. Adicione à panela, com as ervas e a combinação de temperos escolhidas, além dos ingredientes opcionais (se for usar). Deixe ferver até estar parcialmente cozido (não há necessidade de escaldar vegetais de salada, como pepino), para que fique crocante. Transfira os vegetais e o líquido para um pote de vidro esterilizado e feche bem. Em um ou dois dias já é possível comer, e se o vidro tiver sido bem esterilizado (veja abaixo) e o picles for conservado ao abrigo da luz, deve durar três meses sem abrir. Depois de aberto, leve à geladeira e consuma em uma ou duas semanas. Se preferir não esterilizar, aguenta bem na geladeira por até duas semanas.

> Como esterilizar: ferva por 15 minutos o pote de vidro, a tampa e quaisquer utensílios que vá usar. Certifique-se de não utilizar nada não esterilizado por perto até fechar o pote.

Valores baseados em 100 g

CALORIAS	GORDURA	GORDURA SATURADA	PROTEÍNA	CARBOIDRATOS	AÇÚCARES	SAL	FIBRAS
26	0,5 g	0,1 g	2 g	4 g	2,5 g	0,3 g	2 g

BABAGANUCHE PODEROSÍSSIMA

BERINJELA DEFUMADA, TAHINE, FETA, ALFACE E ROMÃ

SERVE 10 | 50 MINUTOS

3 berinjelas grandes (400 g cada)

3 colheres (sopa) de tahine

1 limão-siciliano

¼ de dente de alho

azeite extravirgem

40 g de queijo feta

1 colher (chá) de harissa rosa

1 maço de salsinha fresca (30 g)

1 colher (chá) de mel

2 maços de endívia

2 maços de radicchio

2 alfaces-romanas baby

½ romã

Grelhe as berinjelas — pode ser na chapa, no forno (fure antes!), direto na boca do fogão ou na churrasqueira — por 25 minutos ou até que fique toda escura por fora e mole por dentro. Enquanto isso, coloque o tahine (você também pode usar manteiga de amendoim ou de amêndoa) numa tigela com as raspas e o sumo do limão-siciliano. Acrescente o alho picadinho, 3 colheres (sopa) de azeite e a maior parte do feta esfarelado.

Corte as berinjelas ao meio e transfira a polpa para a tigela, descartando a casca queimada. Adicione harissa e misture bem, até chegar à consistência desejada. Incorpore a salsinha (com talo e tudo) e o mel. Prove e tempere com sal marinho e pimenta-do-reino a gosto.

Disponha as folhas da endívia, do radicchio e da alface-romana numa travessa e coloque a babaganuche no meio. Segure a romã com o interior virado para baixo e bata com uma colher até que todas as sementes caiam, depois espalhe na travessa e esfarele o restante do feta por cima.

Cai superbem com uma taça de vinho rosé gelado.

> Uvas cortadas ao meio ou em quatro podem substituir a romã, se preferir.

CALORIAS	GORDURA	GORDURA SATURADA	PROTEÍNA	CARBOIDRATOS	AÇÚCARES	SAL	FIBRAS
113	6,6 g	1,4 g	3,6 g	10,7 g	7,2 g	0,2 g	1,1 g

PÃEZINHOS RÁPIDOS
COM MOLHO PICANTE DE CREAM CHEESE

SERVE 4-6 | 20 MINUTOS

250 g de farinha de trigo com fermento

azeite

250 g de pimentão vermelho assado em conserva

1 pimenta dedo-de-moça

½ colher (chá) de páprica defumada

100 g de cream cheese light

Coloque a farinha e uma boa pitada de sal marinho numa tigela, faça um buraco no meio, adicione ali 150 ml de água e misture até formar uma massa. Sove vigorosamente por alguns minutos, depois enrole como se fosse uma linguiça comprida, deixando com mais ou menos 2 cm de espessura. Corte em pedacinhos de 2 cm, passe em 2 colheres (sopa) de azeite e deixe descansar por 5 minutos. Leve a uma frigideira antiaderente em fogo médio por cerca de 10 minutos ou até dourarem e cozinharem bem, virando de vez em quando.

Coloque os pimentões (com o líquido da conserva), a pimenta dedo-de-moça e a páprica em um processador de alimentos e bata até ficar homogêneo. Transfira o cream cheese para uma tigela, depois adicione um quarto da pasta apimentada batida. Guarde o restante num pote de vidro e mantenha na geladeira para usar em refeições futuras (fica incrível no arroz ou no cuscuz marroquino).

Sirva os pãezinhos com o molho cremoso em cima. Combina muito bem com uma taça de vinho rosé gelado!

> Você também pode acrescentar pedacinhos de queijo e ervas picadas aos pãezinhos.

CALORIAS	GORDURA	GORDURA SATURADA	PROTEÍNA	CARBOIDRATOS	AÇÚCARES	SAL	FIBRAS
317	10,2 g	2,9 g	8 g	51,1 g	4,3 g	1,3 g	2,8 g

ROLINHO VIETNAMITA CROCANTE

VEGETAIS RALADOS, MOLHINHO DE MAÇÃ, PIMENTA, HORTELÃ E AMENDOIM

SERVE 4 (RENDE 8) | **30 MINUTOS**

100 g de bifum

óleo de gergelim

3 colheres (chá) de shoyu light

3 cenouras

1 maço de rabanete

1 maçã

2 limões

1 pimenta dedo-de-moça

1 maço de hortelã fresca e coentro misturados (30 g)

broto de agrião

8 folhas de arroz

2 colheres (sopa) de manteiga de amendoim crocante

Cozinhe o bifum de acordo com as instruções da embalagem, depois escorra e resfrie em água corrente. Regue com 1 colher (sopa) de azeite e 1 colher (chá) de shoyu. Passe as cenouras, os rabanetes e a maçã pela parte grossa do ralador e esprema ½ limão por cima. Corte a pimenta dedo-de-moça em fatias finas e separe as folhas das ervas e do broto de agrião.

Mergulhe uma folha de arroz em uma tigela rasa com água morna, escorra e estique sobre uma superfície. Adicione algumas folhas de ervas no meio, depois a cenoura, o rabanete, a maçã e o bifum, finalizando com um pouco de pimenta dedo-de-moça e o broto de agrião. Dobre a ponta mais próxima de você sobre o recheio, enrole apertado, escondendo as pontas conforme progride e pressionando ligeiramente, depois repita o processo.

Para o molhinho, misture a manteiga de amendoim com 2 colheres (chá) de shoyu e o sumo de 1 limão e vá afinando aos poucos com algumas colheres (chá) de água, para chegar à consistência certa. Corte os rolinhos em pedaços pequenos e sirva com o molho de amendoim e fatias de limão para espremer por cima.

Fica delicioso com uma taça de vinho branco seco gelado.

> Se quiser, você pode incrementar esta receita com shimeji preto grelhado, floretes de couve--flor assados ou pedaços de tofu extramacio.

CALORIAS	GORDURA	GORDURA SATURADA	PROTEÍNA	CARBOIDRATOS	AÇÚCARES	SAL	FIBRAS
319	11,6 g	2 g	7,7 g	45,2 g	9,8 g	0,8 g	3,8 g

CRUDITÉS SENSACIONAIS

MOLHINHO DE TAHINE COM IOGURTE, PICLES DE CEBOLINHA E PIMENTA E PICLES DE BETERRABA

SERVE 6 | **20 MINUTOS**

2 cebolinhas com bulbo

1 pimenta dedo-de-moça verde

vinagre de vinho branco

1 beterraba pequena

600 g de vegetais crocantes, como funcho, aipo, rabanete branco ou comum, pimentão, beterraba, cenoura, pepino, couve-flor e vagem

1 limão-siciliano

3 colheres (sopa) de tahine

1 dente de alho

250 g de iogurte natural

azeite extravirgem

2 ramos de hortelã fresca

Pique muito bem a cebolinha e a pimenta-dedo-de-moça e transfira para uma tigela pequena com 1 colher (sopa) de vinagre e uma boa pitada de sal. Descasque e rale a beterraba, depois leve a uma outra tigela com 1 colher (sopa) de vinagre e uma boa pitada de sal. Reserve para formar uma leve conserva.

Corte os vegetais crocantes de um tamanho que seja confortável para comer e disponha-os em uma travessa. Esprema meio limão-siciliano por cima e tempere com sal. Afine o tahine com 1 colher (sopa) de água fervente e o sumo da outra metade de limão-siciliano. Rale o alho, misture com o iogurte e regue com 1 colher (sopa) de azeite. Disponha os picles sobre o iogurte, polvilhe folhas de hortelã e sirva com os vegetais.

> O sabor dos vegetais crus e crocantes é imensamente amplificado por uma dose de sumo cítrico. Você também pode experimentar com limão-taiti, laranja sanguínea ou toranja.

CALORIAS	GORDURA	GORDURA SATURADA	PROTEÍNA	CARBOIDRATOS	AÇÚCARES	SAL	FIBRAS
126	8 g	1,8 g	5,3 g	8,6 g	6,7 g	1,2 g	2,4 g

TACOS DE FEIJÃO-PRETO

QUEIJO COTTAGE, CHIPOTLE E CEBOLINHA

SERVE 4 | 10 MINUTOS

aprox. 2 latas (400 g) de feijão--preto cozido

½ colher (chá) de cominho em pó

1 colher (chá) de vinagre de vinho tinto

2 tortilhas de milho ou de trigo pequenas

2 colheres (sopa) de queijo cottage

molho Tabasco chipotle

2 cebolinhas com bulbo

Escorra o feijão, amasse os grãos e transfira para uma frigideira antiaderente grande em fogo médio acrescentando o cominho, o vinagre, uma pitada de sal marinho e pimenta-do-reino. Frite por alguns minutos para pegar um pouco de cor, mexendo regularmente, depois separe em dois montinhos e ponha uma tortilha em cima de cada um (não se preocupe se não couber direito na frigideira; elas podem se sobrepor um pouco que ainda vai dar certo). Pressione para achatar e grudar a mistura de feijão na tortilha, depois deixe até esquentar.

Com cuidado, vire as tortilhas numa tábua, cubra com queijo cottage, um pouco de Tabasco a gosto e a cebolinha picada. Corte em quatro para servir acompanhadas de uma cerveja gelada e aproveite!

> Você pode usar diferentes tipos de feijão e trocar o cottage por cheddar inglês, se preferir. De qualquer jeito fica bom!

CALORIAS	GORDURA	GORDURA SATURADA	PROTEÍNA	CARBOIDRATOS	AÇÚCARES	SAL	FIBRAS
129	2,4 g	0,6 g	7,3 g	16,6 g	1,7 g	0,8 g	6,7 g

ENROLADINHO DE CENOURA MARROQUINO

XAROPE DE LARANJA E TOMILHO, IOGURTE COM TAHINE E HARISSA

SERVE 6 | **50 MINUTOS, MAIS O TEMPO DE ESFRIAR**

12 minicenouras

3 laranjas

3 folhas frescas de louro

3 ramos de tomilho fresco

4 folhas de massa fillo

azeite

mel

2 colheres (sopa) de gergelim

1 colher (sopa) de tahine

2 colheres (chá) de harissa rosa

6 colheres (sopa) de iogurte natural

Preaqueça o forno a 200°C. Cozinhe as cenouras em uma panela com água fervente e salgada por 10 minutos ou até que fiquem macias e escorra. Leve o sumo das laranjas e as raspas de uma delas à panela vazia em fogo médio. Adicione o louro, o tomilho e uma boa pitada de sal marinho, cozinhe até formar um xarope e então junte as cenouras. Deixe esfriar.

Abra as folhas de massa fillo uma a uma, passe azeite e corte em 3 tiras no sentido do comprimento. Coloque uma cenoura na ponta de cada uma e vá enrolando, apertando ligeiramente para selar (não precisa ficar certinho). Repita com o restante da massa e das cenouras e vá passando os enroladinhos para uma assadeira. Pincele com um pouco de azeite e leve para assar por 20 minutos ou até dourarem levemente e ficarem crocantes, regando com mel e polvilhando o gergelim nos últimos 5 minutos.

Transfira as cenouras para uma tábua e volte a polvilhar o gergelim que tiver ficado no fundo da assadeira, depois adicione o tahine e a harissa ao iogurte e sirva junto.

> Esta receita fica ótima como petisco, entrada ou acompanhamento. As pessoas adoram quando há cenouras de cores diferentes: vermelha, roxa, amarela... Use o que encontrar!

CALORIAS	GORDURA	GORDURA SATURADA	PROTEÍNA	CARBOIDRATOS	AÇÚCARES	SAL	FIBRAS
239	11,6 g	2,1 g	5,1 g	30 g	10 g	0,9 g	4,3 g

DICAS

PRECISAMOS FALAR SOBRE QUEIJO

O mundo dos queijos vegetarianos não para de crescer, e cada vez mais produtores procuram experimentar coalhos vegetarianos. Não há nenhum queijo exclusivamente vegetariano — se estiver em dúvida, peça mais informações para o vendedor ou verifique as informações na embalagem antes de comprar.

Vocês devem ter notado que usei uma grande variedade de queijos no livro sem mencionar se são vegetarianos ou não. Há inúmeras alternativas vegetarianas fantásticas disponíveis, portanto, se não quiser usar queijo com coalho animal, é só fazer a substituição. O site Neal's Yard Dairy tem uma seleção de queijos ingleses incríveis e entrega no mundo todo.

Para os veganos que estão lendo este livro: é muito difícil reproduzir o sabor e a textura do queijo, mas algumas marcas fazem um trabalho incrível, e o mercado está se adaptando muito rápido, portanto fique de olho. Quanto aos leitores que não são vegetarianos nem veganos: vocês provavelmente nunca tiveram tantas boas opções de queijo à disposição como temos hoje.

SOBRE O PARMESÃO

O queijo parmesão — e qualquer coisa que leve esse ingrediente, como o pesto industrializado — sempre inclui coalho animal. Toda vez que utilizei este ou qualquer ingrediente não vegetariano, indiquei com um comentário em verde acima da tabela nutricional ao fim da página em questão. Para que as receitas sejam totalmente vegetarianas, não se esqueça de levar em conta essas observações e fazer as adaptações necessárias. Se você quiser seguir uma dieta vegetariana estrita, lembre-se de checar todas as embalagens para garantir que esteja comprando produtos de fato vegetarianos.

EIS ALGUNS QUEIJOS INGLESES SENSACIONAIS QUE VOCÊ
DEVE APROVEITAR E QUE POR ACASO SÃO VEGETARIANOS

Appleby's Cheshire	Cotherstone
Applewood	Riseley
Beenleigh Blue	Sinodun Hill
Black Bomber	Spa Blue
Blacksticks Blue	Spenwood
Brunswick Blue	Stinking Bishop
Cardo	Ticklemore
Cashel Blue	Waterloo
Cornish Yarg	Wigmore

DICAS 269

LEITES ANIMAIS E VEGETAIS

É ótimo que hoje tenhamos muitas opções de leites diferentes — de origem animal ou vegetal. Mas é importante lembrar que o leite animal tem alto valor nutricional, diferentemente dos leites vegetais, de modo que é preciso fazer uma compensação.

Pessoalmente, consumo leite animal orgânico e iogurtes e leites derivados dele — é mais caro, mas vale a pena. Alguns comentários a fazer a respeito dessa questão:

Leites vegetais podem vir de diferentes fontes, como soja, amêndoa, coco, aveia e arroz, e há cada vez mais opções disponíveis nos supermercados. Dependendo de como são feitos, podem ser uma boa fonte de alguns nutrientes. No entanto, o leite de amêndoa é feito predominantemente de água (até 80%), e algumas marcas chegam a conter apenas 2% de amêndoa. Embora os leites vegetais possam fazer parte de uma dieta nutritiva, consumi-los como substitutos diretos do leite de vaca às vezes implica uma deficiência de nutrientes-chave; para reduzir esse risco, escolha sempre opções fortificadas e não adoçadas.

No Reino Unido, o leite de vaca é fonte de proteína, cálcio, iodo e algumas vitaminas do complexo B. O cálcio é importante para ter dentes saudáveis e ossos fortes e para o bom funcionamento dos músculos. As vitaminas do complexo B ajudam a manter os sistemas nervoso e imunológico saudáveis. O iodo é essencial para a produção de hormônios pela tireoide, muito necessários para o metabolismo e o crescimento do cérebro do bebê durante a gestação e a infância.

OPÇÕES DE ORIGEM VEGETAL

Há muitas trocas rápidas e fáceis que podem ser feitas para tornar um prato completamente vegano, quando se trata de derivados do leite.

- Leites vegetais fortificados e não adoçados são uma boa opção para substituir o leite animal.

- Há diversos iogurtes vegetais disponíveis — os de soja são os mais populares — que podem ser usados no lugar do iogurte natural por quem quer evitar produtos de origem animal. De novo, compre sempre opções não adoçadas. Esses iogurtes também são uma ótima alternativa à maionese, além de terem teor reduzido de gordura.

- Pastas sem leite e feitas à base de soja podem ser usadas no lugar da manteiga. Verifique a lista de ingredientes para se certificar de que o produto não tem gordura trans ou hidrogenada.

- Há uma enorme variedade de queijos de origem vegetal.

Para mais informações sobre uma dieta vegana, visite jamieoliver.com/nutrition-guidance/ (em inglês) ou procure aconselhamento de um(a) nutricionista.

CONHECENDO AS GORDURAS

Nem é preciso dizer que o consumo de gorduras precisa ser controlado, mas uma dieta saudável depende da ingestão de gorduras boas. Por isso, quando tiver opção, escolha fontes insaturadas, como azeitonas e óleos vegetais líquidos, oleaginosas, sementes, abacate e peixes ricos em ômega-3.

QUAIS SÃO OS ÓLEOS MAIS SAUDÁVEIS?

Os ácidos graxos poli-insaturados ômega-3 e ômega-6 são essenciais à nossa dieta, porque o corpo humano não é capaz de produzi-los. São encontrados em óleos feitos a partir de oleaginosas e sementes (canola, nozes, linhaça, abacate e girassol). Nas receitas, usei principalmente azeite, mas fique à vontade para usar qualquer um dos outros mencionados.

Os óleos têm composições distintas de ácidos graxos e geram benefícios diferentes para a saúde. No entanto, a maior parte tem uma quantidade elevada de gorduras monoinsaturadas e poli-insaturadas. Quando essas gorduras substituem as saturadas em nossa dieta, reduzem o colesterol e o mantêm num nível bom, diminuindo o risco de doenças cardíacas. Alguns óleos podem ser melhores para necessidades específicas de saúde, como o azeite, cujos polifenóis têm propriedades protetoras comprovadas. Já o óleo de abacate e o de girassol têm alto teor de vitamina E, necessária para a proteção das células.

E O ÓLEO DE COCO?

Não sou contra o óleo de coco, mas a série de benefícios fictícios associados a ele e o uso em excesso que advêm disso são causa de preocupação. O óleo de coco tem uma proporção maior de ácidos graxos saturados se comparado a qualquer outro óleo vegetal, e tem ácidos graxos essenciais em níveis muito baixos. Meu conselho é usar com moderação, apenas em pratos em que acrescenta um sabor necessário.

MANTEIGA

A manteiga é uma ótima opção para adicionar sabor a certos pratos, mas deve ser usada com moderação. Pessoalmente, procuro comprar manteiga feita com o leite de vacas alimentadas com pasto.

ALTERNATIVAS VEGANAS À MANTEIGA

Quando se trata das margarinas disponíveis no mercado, evite quaisquer produtos feitos com gordura trans — pode aparecer no rótulo como gordura "hidrogenada" ou "parcialmente hidrogenada" —, que podem trazer malefícios ao corpo.

Um dos melhores truques que aprendi para imitar manteiga é pegar um azeite extravirgem prensado a frio de qualidade e levar à geladeira ou ao congelador para solidificar. Assim, fica com uma consistência mais parecida e é mais saudável, além de delicioso.

VINAGRES VIBRANTES

Bons vinagres podem transformar um prato, e considero-os verdadeiros heróis esquecidos de qualquer despensa. Gosto de aromatizar meus próprios vinagres e recomendo fortemente que você faça o mesmo: compre garrafas grandes de vinagre de vinhos tinto e branco, distribua em garrafas menores esterilizadas (ver p. 252) e acrescente diferentes sabores. Feche-os, etiquete as embalagens e mantenha-os à mão, prontos para usar — vão muito bem em molhos e em marinadas e dão um toque especial a sopas e ensopados. Você também pode transferir um pouco para um borrifador e usar em assados.

ALGUNS DOS ITENS QUE MAIS GOSTO DE ACRESCENTAR

Frutas vermelhas: morango, mirtilo, amora, cassis, cranberry

Drupas: cereja, ameixa, damasco, pêssego, nectarina

Ervas frescas: hortelã, manjericão, cebolinha, salsinha, louro, alecrim, coentro, endro, estragão, tomilho (é possível cortar as flores das ervas e mergulhá-las no vinagre para preservar esse frescor)

Mel ou favo de mel

Funcho

Misturas de especiarias tostadas: canela, cravo, anis-estrelado, pimenta-da-jamaica, sementes de mostarda, erva-doce, pimenta em grãos

Gengibre ou alho

Pimentas frescas: pimenta scotch bonnet, se gostar bem picante

Tiras de casca de cítricos

Pétalas de rosa

Favas de baunilha

Xarope Elderflower

Para resultados super-rápidos (uma infusão mais acelerada), aqueça um quarto do vinagre com os temperos escolhidos, deixe esfriar e adicione o restante. Simples e incrível.

MÁXIMO SABOR

Gosto é algo subjetivo, mas aqui vão alguns dos meus truques e dicas preferidos para reforçar o sabor e aproveitar os ingredientes ao máximo. É o tipo de coisa que adoro ter pronto, na geladeira ou no armário, para dar um toque especial e tornar os pratos ainda mais maravilhosos. Não estou dizendo que você deve sair para comprar tudo isso agora, mas cozinhar é uma aventura, então sugiro que você experimente um novo item por semana quando for fazer compras.

ESPECIARIAS estão, sem dúvida, entre os produtos com mais nutrientes do planeta e podem representar o sucesso ou a ruína de um prato. Uso especiarias em todas as receitas para conferir vigor e sabor; com mais sabor, você precisa de menos sal — outra grande vantagem das especiarias. Não tenha medo de experimentar — cúrcuma, açafrão em estigmas, páprica, canela, feno-grego, cominho, erva-doce, mostarda, coentro em grãos e pimenta calabresa em flocos são alguns dos meus preferidos.

ERVAS FRESCAS podem deixar qualquer comida mais alegre, sem mencionar suas qualidades nutricionais. Separe as folhas, pique, rasgue, amasse ou misture com azeite extravirgem de qualidade e acrescente para dar uma camada extra de sabor, frescor, surpresa e deleite. Ervas frescas são as melhores amigas de qualquer cozinheiro.

ERVAS SECAS são uma coisa maravilhosa. Os sabores delicados, leves e vigorosos das ervas frescas desaparecem nelas, mas em troca você tem sabores fortes, robustos e reconfortantes, que, adicionados a sopas, ensopados, molhos, pães e leguminosas, conseguem levar o prato a outro nível. Fora que são superconvenientes.

SAL é um condimento muito útil, mas pode ser ao mesmo tempo delicioso e perigoso se usado em excesso. Um bom cozinheiro precisa respeitar este maravilhoso item, temperando de forma inteligente para despertar o melhor dos ingredientes. De modo geral, a maneira mais fácil de reduzir o sal é evitar comida processada e cozinhar em casa com o máximo de frequência possível. Assim, você vai saber exatamente quanto sal foi acrescentado aos alimentos.

SAL TEMPERADO é um jeito divertido e inteligente de concentrar sabores em uma única pitada. Bata sal marinho no liquidificador com os ingredientes que escolher — ervas, pimentas, raspas e sumo de cítricos, cogumelos secos e alga marinha funcionam muito bem, só para citar alguns. Espalhe em uma assadeira até secar por completo, depois guarde em potes fechados para usar no dia a dia. Em geral, quando você cria seu sal temperado, usa menos sal. Aproveite!

HARISSA, como qualquer pasta ou óleo de pimenta, confere um calor maravilhoso ao prato. Feita com especiarias moídas e ervas secas, às vezes com limão em conserva e água de rosas, dá vigor a todo tipo de prato. Procure ter em casa.

PICLES, CHUTNEYS E CONSERVAS adicionam camadas de sabor, surpresa e textura. Independentemente de se tratar de um salteado, um ensopado, um tagine, um curry ou um queijo quente, esses ingredientes conseguem dar uma alegria ao prato de maneira rápida e conveniente. Para mim, a vida sem picles fica um pouco entediante. E uma conserva de legumes ou frutas na combinação certa é imbatível.

PASTAS DE CURRY: compradas prontas ou feitas em casa (dá muito certo congelar em forminhas de gelo, por exemplo), estas fantásticas bombas de sabor são ótimas para ter à mão. Como são feitas com uma mistura de ervas, especiarias e ingredientes aromáticos, uma única colherzinha contém uma infinidade de sabores.

TOMATE SECO pode ser encontrado em qualquer lugar hoje em dia. Seja em pasta, seja conservado no óleo, dá dinamismo e vigor aos pratos.

MISSÔ, que está bastante na moda, é um produto fermentado à base de soja ou de arroz que oferece muitas possibilidades. Como fornece um sabor umami profundo, dá um gostinho especial a pratos com macarrão ou arroz. Tradicionalmente usado em sopas e caldos, também pode ser acrescentado a molhos e ensopados ou a vegetais antes de assar. Experimente.

SHOYU OU TAMARI: quem não ama estes dois? Estes produtos fermentados são ótimos para dar um sabor umami profundo à comida. Tanto a versão padrão como a light funcionam bem. Só se lembre de usar com moderação para não exagerar no sal.

OLEAGINOSAS E SEMENTES podem fazer muito bem, e comer um punhado delas todo dia traz benefícios reais, por causa das gorduras saudáveis que contêm. Esmagadas, quebradas, picadas ou batidas até virar farinha, ficam ótimas na salada, no ensopado e no curry. Use cruas para dar cremosidade ou torradas para conseguir uma textura e um sabor incríveis. Divirta-se com elas: não caia na monotonia.

TAHINE é uma pasta de gergelim, essencial para o homus. Cai muito bem em marinadas e molhos, ou no café da manhã e em sobremesas. Também dá para regar ou mergulhar a comida nele. Uma delícia!

COGUMELOS SECOS são absolutamente necessários para um sabor suntuoso. Gosto muito de usá-los no lugar de caldo de carne, porque dão uma linda cor escura e um sabor profundo. É possível encontrar embalagens maiores a bons preços em lojas de produtos asiáticos.

ALCAPARRAS E AZEITONAS são muito utilizadas no Mediterrâneo. Uma quantidade pequena pode revigorar bastante um prato, com pequenas explosões de sabor concentrado. Também podem substituir o sal, deixando a comida mais saborosa. Tenho sempre à mão.

CONDIMENTOS como molho de pimenta, teriyaki e inglês, assim como Marmite, manteiga de amendoim e mostarda, são um verdadeiro tesouro. Um pouquinho já dá um sabor acentuado a todo tipo de prato. Use com moderação e desfrute!

TIRANDO O MÁXIMO PROVEITO DOS INGREDIENTES

COBERTURAS INCRÍVEIS

Eleve o nível dos seus pratos com estas coberturas: são incrivelmente fáceis, mas fazem toda a diferença.

FARINHA DE ROSCA TEMPERADA

Fritar a farinha de rosca com um pouco de óleo, ervas e alho pode conferir um sabor, uma textura e uma dinâmica incríveis a todo tipo de prato, incluindo saladas, ensopados e massas, só para citar alguns. Como o pão é uma das comidas mais desperdiçadas, essa técnica simples de preservação e incremento do sabor tem utilidade dupla. Fica ótima feita com pão amanhecido.

CÍTRICOS

Invista em um bom ralador — um toque de raspas pode melhorar muito um prato, além de deixá-lo lindo. E um pouco de sumo às vezes é o suficiente para despertar as papilas gustativas.

MOLHINHOS FRESCOS

Um bom molhinho de tomate, pedaçudo ou homogêneo, consegue acrescentar cor, vida e sabor a inúmeros pratos. É uma presença constante na minha cozinha — fantástica para surpreender e despertar o palato. Minha regra geral é usar ervas bem picadinhas, tomate maduro e algum ácido — vinagre ou frutas cítricas —, temperar e às vezes adicionar uma fruta, para um toque agridoce. Ajuste a consistência de acordo com o prato em que vai usar.

IOGURTE VISTOSO

Gosto de finalizar os pratos com um iogurte refrescante, misturado com cores e sabores marcantes, seja de harissa, pesto, alguma pasta, azeitona, tomate seco, tahine, chutney ou picles.

PIMENTA CONGELADA

Congele pimentas frescas e depois rale sobre o prato para dar um sabor delicado. São ótimas para fazer marinadas e para adicionar um toque especial a molhos e ensopados. Dá para fazer o mesmo com gengibre.

CONDIMENTOS

Um modo bastante interessante de acrescentar de última hora um toque de sabor aos pratos. Em sua forma mais simples, é feito tostando levemente especiarias, ervas e ingredientes aromáticos aquecidos em um pouco de óleo. Podem ser usados no curry, em vegetais assados, na sopa e na salada. Use sua imaginação e experimente.

PICLES E CHUTNEYS

Pode parecer óbvio, mas picles e chutneys são ótimos acompanhamentos. Para mim, picles com mostarda e chutney de manga ou de pimenta dedo-de-moça são verdadeiros tesouros, mas toda cultura tem sua própria versão — que pode ser refrescante e vibrante, ou então na forma de uma conserva em vidro para preservar o frescor do ingrediente da estação. Adoro me aventurar e comprar conservas de coisas desconhecidas para mim para ver se gosto e se funcionam com os pratos que costumo fazer. Tente criar oportunidades de experimentar novos sabores; é muito legal.

MOLHO DE PIMENTA

Adoro pimenta e sei que não sou o único. Um toque de (ou bastante) molho de pimenta pode revigorar um prato — a questão é quanto colocar e qual tipo usar. A sriracha, que é de fato bem gostosa, está na moda, mas sugiro que você teste muitos tipos diferentes até descobrir seus preferidos. Conheço pessoas que colecionam molhos de pimenta como souvenirs — uma coisa nerd e incrível ao mesmo tempo!

DICAS ÚTEIS DE COZINHA

CALDO Um caldo de boa qualidade é algo muito útil para ter no congelador. Sei que agora é fácil comprar caldos orgânicos, mas, para um sabor especial de verdade, tente fazer você mesmo (não dá trabalho nenhum!). Muitos dos ingredientes que vão no caldo iriam para o lixo, de modo que é uma ótima maneira de tirar o máximo proveito dos alimentos.

Costumo fazer um volume grande de caldo com cascas e aparas de vegetais, ervas frescas e cascas de vegetais assados — como aipo-rábano, cenoura e pastinaca — que vou acumulando em um pote no congelador até ter em quantidade suficiente.

Para fazer caldo caseiro, cubra as cascas dos vegetais com água, incremente com suas ervas preferidas, grãos de pimenta-do-reino, dentes de alho amassados (pode incluir a casca, inclusive) e um toque de vinho ou outras especiarias. Um punhado de cogumelos secos dá um toque extra, assim como pimenta dedo-de-moça, gengibre, missô, extrato de tomate, molho tamari, vinagre, alga marinha e shoyu, se quiser um sabor mais forte e profundo ou fazer referência a determinada culinária. Deixe ferver, depois cozinhe em fogo brando por uma ou duas horas, até ficar com um gosto muito bom. Tempere com sal marinho e pimenta-do-reino e peneire antes de usar. Para armazenar, espere esfriar e congele em saquinhos tipo zip lock deitados, o que diminui o tempo de descongelamento. Não se esqueça de anotar a data, para manter a organização.

OPTE POR QUALIDADE O sucesso na cozinha costuma estar ligado à qualidade dos ingredientes usados. Utilize os melhores produtos que conseguir encontrar. Para isso, lembre-se de que respeitar a sazonalidade dos alimentos garante uma comida mais nutritiva, gostosa e barata. Para determinados ingredientes, priorizar a qualidade faz toda a diferença: feijão e grão-de-bico em conserva, tomate pelado, pastas de curry, caldo (veja acima como fazer a versão caseira), óleo e azeites (ver pp. 272-3) e vinagre (ver p. 274). Esses itens são usados em abundância na cozinha, o que pode transformá-los em commodities — ou seja, produtos mais baratos e de menor qualidade, no geral. Mas você pode redirecionar parte do dinheiro que não foi gasto com carne e investir em grãos de melhor qualidade, com sabor e textura extraordinários. Garanto que é um dinheiro bem gasto.

LATICÍNIOS E OVOS No caso dos laticínios básicos, como leite, iogurte e manteiga, sou totalmente a favor dos orgânicos. São mais caros, mas os benefícios compensam. Além disso, sempre que você compra produtos orgânicos, contribui para um sistema alimentar melhor. O mesmo vale para ovos e produtos que os contêm, como macarrão — dê preferência para os de galinha caipira ou orgânicos.

ORGÂNICOS SÃO A NORMA Até hoje, as pessoas comparam a produção orgânica com o que é visto como "normal". Na minha opinião, os orgânicos deveriam ser a norma — foi assim que a agricultura e a pecuária funcionaram por milênios, sem alta dependência de pesticidas, herbicidas e outros produtos químicos que infelizmente se tornaram uma parte importante da indústria agropecuária moderna. Produtos orgânicos não são uma opção para todos, isso é fato. Mas, se for possível para você, apoiar os produtores de orgânicos locais é uma grande sacada, e acredito de verdade que essa é a melhor forma de contribuir para um sistema alimentar melhor. Não compro tudo orgânico, mas faço o melhor que posso, quando posso — e é assim que deve ser.

UTENSÍLIOS Os equipamentos utilizados neste livro são bastante simples — nada além de frigideiras e panelas antiaderentes e que podem ir ao forno, uma frigideira-grelha e uma panela grande e alta, tábuas de cortar, assadeiras, fôrmas e um conjuntos de facas boas. Se quiser economizar tempo, há alguns utensílios de cozinha que podem tornar sua vida muito mais fácil — um descascador de legumes, um ralador e um pilão são fantásticos para criar texturas e incrementar o sabor, e um processador de alimentos, um mixer e uma mandolina são sempre bem-vindos, em especial para economizar tempo. Mantenha seus utensílios afiados e sua cozinha organizada, e pronto!

SOBRE CONGELAR Lembre-se de deixar que a comida esfrie antes de congelar. Para acelerar o processo, divida em porções para esfriar mais rápido de modo a guardar em até duas horas. Certifique-se de que esteja tudo bem embalado e etiquetado para ajudar na organização. Descongele na geladeira antes de usar. Em geral, se você congelar comida pronta, não volte a congelar depois de aquecer.

NUTRIÇÃO

RECADO DA EQUIPE NUTRICIONAL DO JAMIE

Nosso trabalho é garantir que Jamie possa ser supercriativo com a certeza de que todas as suas receitas atendem aos padrões estabelecidos por nós. Cada livro tem suas particularidades, e *Veg* é uma ode às receitas com base vegetal, focando tanto em refeições para o dia a dia como em pratos mais elaborados para o fim de semana e ocasiões especiais. Cerca de 70% das receitas deste livro se adéquam a nossos padrões de comida saudável — algumas constituem refeições completas, mas outras precisam ser complementadas. Para total transparência e para que você possa fazer escolhas bem informadas, apresentamos as tabelas nutricionais de cada prato na página da própria receita, de modo que você possa refletir sobre como encaixá-la na sua semana.

Comida é algo divertido, alegre e criativo — é o que nos dá energia e desempenha um papel crucial em manter nosso corpo saudável. Lembre-se: uma dieta balanceada e atividade física regular são a chave para um estilo de vida mais saudável. Não rotulamos alimentos como "bons" ou "ruins", mas incentivamos que se saiba a diferença entre uma comida nutritiva para consumo diário e aquelas para desfrutar de vez em quando.

Para mais informações sobre nossos padrões e como analisamos as receitas, visite: **jamieoliver.com/nutrition** (em inglês).

Rozzie Batchelar, nutricionista sênior

SOBRE EQUILÍBRIO

O equilíbrio é a chave quando se trata de comer bem. Um prato balanceado e com porções corretas é o caminho para uma boa saúde. É importante consumir uma variedade de alimentos para garantir que tenhamos todos os nutrientes de que nosso corpo precisa para se manter saudável. Isso significa comer alimentos de todos os grupos: hortaliças, frutas, carboidratos amiláceos integrais, proteínas — que incluem carne magra e queijo, claro, mas neste livro não utilizamos carne e escolhemos proteínas de base vegetal (leguminosas, oleaginosas e sementes) e ovos, além de laticínios com baixo teor de gordura e uma pequena quantidade de gorduras insaturadas. Há espaço para todo tipo de comida na alimentação: basta observar a frequência e a quantidade de cada um.

QUAL É O EQUILÍBRIO?

O guia alimentar do governo britânico estabelece como deve ser uma dieta balanceada. Não se preocupe com as porcentagens exatas, mas relacione os números abaixo com a proporção de cada grupo alimentar que você deve consumir ao longo do dia.

OS CINCO GRUPOS ALIMENTARES (REINO UNIDO)	PROPORÇÃO*
Hortaliças e frutas	39%
Carboidratos amiláceos (pão, arroz, batata, macarrão)	37%
Proteínas (ovos, leguminosas, outras fontes não derivadas do leite que aparecem neste livro, carne magra e peixe)	12%
Laticínios e alternativas	8%
Gorduras insaturadas (como óleos)	1%
E NÃO SE ESQUEÇA DE BEBER BASTANTE ÁGUA	

* Os 3% restantes são de alimentos que podem ser desfrutados ocasionalmente.

FRUTAS, LEGUMES E VERDURAS

Para levar uma vida saudável, frutas, legumes e verduras devem ser a base de sua dieta. Com cores, formatos, tamanhos, sabores e texturas diferentes, eles contêm vitaminas e minerais que desempenham o papel de manter nosso corpo saudável e funcionando bem, portanto é importante tentar comer vegetais variados todos os dias (ver pp. 291-2).

CARBOIDRATOS AMILÁCEOS

Carboidratos fornecem grande parte da energia necessária para mover nosso corpo e garantir que nossos órgãos funcionem. Quando possível, escolha as variedades integrais, ricas em fibras. A recomendação média é de 260 g diários de carboidratos para um adulto, com até 90 g vindos de açúcares totais, incluindo açúcares naturais encontrados em frutas, leite e derivados, e não mais que 30 g de açúcares livres — aqueles adicionados em comidas e bebidas, inclusive mel e xaropes. As fibras (ver p. 288) também são classificadas como carboidratos, e os adultos devem consumir cerca de 30 g por dia.

FIBRAS

Fundamentais para o bom funcionamento do sistema digestivo, as fibras ajudam a microbiota intestinal a florescer e a dar volume às fezes (isso mesmo, estamos falando de cocô, mas é importante!), assim nos livramos dos resíduos de maneira mais eficiente e deixamos nosso intestino feliz.

Alimentos de origem vegetal são fontes de fibras, que podem ser de dois tipos diferentes: as insolúveis — que ajudam outros alimentos e resíduos a passar pelo intestino — e as solúveis — que ajudam a desacelerar a digestão e a baixar o colesterol. As fibras insolúveis são encontradas em alimentos integrais como milho de pipoca, casca de batata, frutas secas, oleaginosas, leguminosas, milho comum, brócolis e cenoura. Já as fibras solúveis estão presentes em aveia, cevada, leguminosas, batata-doce, pera, maçã, laranja e abacate.

Não conseguimos digerir as fibras, mas a microbiota intestinal sim, o que ajuda a regular o funcionamento do intestino, a controlar o nível de açúcar no sangue e a manter o colesterol baixo.

PROTEÍNA

Pense na proteína como os tijolos do corpo — ela é essencial nos processos de construção e reparação. Em média, uma mulher de dezenove a cinquenta anos precisa de 45 g de proteína por dia, enquanto um homem da mesma idade precisa de 55 g.

Fontes de proteína incluem carne e peixe, claro, mas — quer você tenha uma dieta que inclua carne, quer seja vegetariano ou vegano — privilegiar as proteínas vegetais é benéfico para a sua saúde e contribui para uma alimentação mais sustentável. Em comparação com proteínas de origem animal, a proteína vegetal tem menos gorduras saturadas e sal (no caso das carnes processadas) e mais fibras. Leguminosas, oleaginosas, sementes e tofu são boas fontes de proteína vegetal. Para mais informações sobre como ter uma alimentação vegetariana ou vegana, visite jamieoliver.com/nutrition-guidance/ (em inglês).

Muitas pessoas acreditam que uma dieta à base de vegetais não fornecerá proteínas suficientes, porque as fontes de proteína vegetal nem sempre contêm todos os aminoácidos necessários e não são absorvidas com a mesma eficiência. No entanto, uma dieta com ampla variedade de proteínas vegetal garante tudo de que precisamos. Soja, cânhamo e quinoa são proteínas completas, que têm todos os aminoácidos essenciais para nós.

LATICÍNIOS E ALTERNATIVAS

Essa pequena porção de um prato balanceado oferece uma incrível gama de nutrientes quando consumida na quantidade certa. Nesta categoria, privilegie leite, iogurte e pequenas quantidades de queijo; as opções com baixo teor de gordura (e não adoçadas) são igualmente saborosas. Se for optar por versões vegetais, prefira produtos fortificados e não adoçados (ver pp. 270-1).

GORDURAS INSATURADAS

Precisamos de gorduras saudáveis, ainda que em pequenas quantidades (ver pp. 272-3). Escolha fontes insaturadas sempre que possível, como azeite e óleos vegetais líquidos, oleaginosas, sementes e abacate (além de peixes ricos em ômega-3). De modo geral, recomenda-se que uma mulher consuma em média não mais de 70 g de gordura por dia, com menos de 20 g vindos de gorduras saturadas, e que o homem não ultrapasse 90 g, com menos de 30 g vindos de gorduras saturadas.

BEBA MUITA ÁGUA

Esta é bem simples: se esforce para manter a hidratação. Água é essencial para a vida e para todas as funções do corpo humano. Em geral, mulheres com mais de catorze anos precisam de pelo menos dois litros de água, e homens da mesma idade precisam de pelo menos 2,5 litros. Leite com menor teor de gordura e bebidas não adoçadas como chá e café também entram nessa soma.

INFORMAÇÕES CALÓRICAS E NUTRICIONAIS

De modo geral, a mulher precisa de cerca de 2 mil calorias por dia, enquanto o homem precisa de 2500. Esses números são apenas um parâmetro, e o que comemos deve ser considerado em relação a fatores como idade, constituição física, estilo de vida e nível de atividade física.

COMA COLORIDO

> É superimportante comer hortaliças e frutas variadas, porque elas dão conta de todo o espectro de vitaminas e minerais que desempenham um papel fundamental na manutenção da saúde do corpo. A lista abaixo explica um pouco mais sobre as vantagens de fazer um prato colorido. O mais incrível é que ainda há muito para ser descoberto sobre as frutas, as hortaliças e os benefícios que elas trazem para o nosso corpo. É muito interessante!

VERMELHO: tomate, pimentas e pimentões vermelhos são uma boa fonte de vitamina C, que nosso corpo utiliza para muitas coisas, desde manter a saúde dos dentes, da gengiva e da pele até o funcionamento do sistema imunológico. Pimentões e pimentas também são fonte de vitamina B6, essencial para o funcionamento do metabolismo e do sistema nervoso. Pimentões vermelhos também têm bastante ácido fólico, importante para o sistema imunológico.

COR-DE-ROSA: frutas como morango, framboesa e romã não são muito diferentes das frutas vermelhas, pois fornecem vitamina C e com frequência também vitamina B6, como no caso da romã. Algumas, como o morango, também são fonte de ácido fólico, necessário para produzir células sanguíneas e para combater o cansaço e a fadiga.

LARANJA: frutas e hortaliças como cenoura, abóbora, batata-doce e laranja são fontes de vitaminas E, C e A. O betacaroteno, uma forma de vitamina A que dá à cenoura a cor laranja, é importante para o bom funcionamento da visão. Nosso corpo precisa de vitamina E para a proteção celular.

AMARELO: frutas e legumes como pimentão amarelo, abobrinha amarela e milho contêm ácido fólico, nutriente necessário para muitos processos do nosso corpo e que contribui para a manutenção do metabolismo e do sistema imunológico. Pimentões amarelos, assim como os vermelhos, também são ricos em vitamina C, e o milho é fonte de tiamina, importante para o bom funcionamento cardíaco. A banana, muito popular, é fonte de potássio e vitamina B6, ao passo que o sumo de limão fornece vitamina C.

VERDE: vegetais dessa cor fornecem uma variedade de nutrientes. O ácido fólico, encontrado em muitos vegetais verdes, é necessário em diferentes funções, incluindo a formação de células sanguíneas e a prevenção do cansaço e da fadiga, além do funcionamento do metabolismo e do sistema imunológico.

A vitamina K pode ser encontrada em níveis elevados em especial na couve, mas também no brócolis, na vagem e em outros vegetais verdes, e é importante para manter os ossos saudáveis.

O potássio, encontrado em muitos vegetais verdes, como abobrinha e funcho, é importante para uma pressão arterial saudável e para o bom funcionamento dos músculos e do sistema nervoso.

VERDE-ESCURO: folhas como o espinafre também podem ser fonte de cálcio e ferro.

ROXO: hortaliças e frutas como berinjela, uva e repolho roxo contêm potássio, necessário para manter uma pressão arterial saudável e um bom funcionamento dos músculos. Alguns também podem ser fonte de vitamina C, no caso do repolho roxo e da cereja; e o mirtilo é rico em manganês, que ajuda a manter os ossos saudáveis.

LEGUMINOSAS MARAVILHOSAS

Existem leguminosas de todas as cores, formatos e tamanhos, e elas oferecem uma ampla variedade de nutrientes. Além de contribuírem para a porção diária de vegetais, também são fonte de fibras e de proteína, de modo que constituem ótima alternativa à carne. A fibra encontrada nas leguminosas é do tipo solúvel, que contribui para baixar e manter o colesterol e ajuda a nos proteger de doenças cardíacas. Além disso, leguminosas são uma fonte importante de micronutrientes — por exemplo, lentilha tem bastante ferro. O tipo de ferro encontrado na alimentação à base de vegetais é de absorção mais difícil pelo corpo que o encontrado em produtos animais, por isso é bom que o consumo seja aliado ao de fontes de vitamina C, que melhoram a absorção.

QUANTO COMER?

No Reino Unido, a indicação é tentar consumir pelo menos 5 porções de hortaliças ou frutas todos os dias, mas no momento apenas 31% dos adultos e 8% das crianças e jovens de onze a dezoito anos o fazem. As recomendações variam em cada país — pessoalmente, prefiro a australiana, que prevê 5 porções de hortaliças e 2 porções de frutas todos os dias. Os benefícios de comer mais vegetais são fáceis de serem vistos. Onde quer que você more, a mensagem é: quanto mais — e mais variado — você comer, melhor!

O QUE CONTA COMO UMA PORÇÃO?

Uma porção consiste em 80 g de hortaliças ou frutas frescas, congeladas ou em conserva (um punhado grande), 30 g de frutas secas (apenas 1 porção por dia) ou 150 ml de suco de frutas ou hortaliças sem adoçar (apenas 1 porção por dia). Em geral, é melhor comer do que beber vegetais. Embora 150 ml de suco possam contribuir para 5 porções diárias, depois de processado o açúcar natural se transforma em açúcar livre — o tipo mais prejudicial à saúde se consumido em excesso. Se você for tomar um suco, escolha opções com menos açúcar, como um de hortaliças em vez de um de frutas. No caso das leguminosas, 80 g (3 colheres de sopa) também contam (mas apenas 1 porção por dia), além de serem fonte de proteína.

SE VOCÊ PLANTAR, VAI COMER

Na minha experiência, quando plantamos algo, também ficamos mais propensos a comê-lo, e isso se aplica tanto a crianças como a adultos. Acredito que quanto mais perto da natureza (que é de onde vem nossa comida) estivermos, mais felizes e saudáveis seremos — uma hortinha faz bem à alma.

Se você nunca tentou plantar nada, recomendo começar agora. É inspirador, muito divertido, ajuda a manter a forma e a economizar. Além disso, se você tem filhos, vai fazer com que se envolvam com a comida de uma maneira dinâmica. Não é preciso ter um quintal ou um sítio para fazer isso — uma floreira, um terraço, uma varanda, um vaso, um saco de cultivo ou um balde já servem.

A comida que você colhe é a mais fresca e nutritiva possível. Fico muito feliz com a possibilidade de transformar algo que estava no solo havia poucos minutos em uma refeição. Se você mora perto de uma feira e sabe que os produtos foram colhidos aquela manhã, aproveite a oportunidade. Assim que os vegetais são colhidos, seus níveis de nutrientes começam a cair, de modo que comê-los o mais frescos possível fornece muito mais benefícios a cada mordida.

OBRIGADO!

Comecei a escrever este livro há oito anos — e, desde a horta que iniciei em casa com meus filhos até minhas viagens a partes extraordinárias do mundo que veneram vegetais, esta tem sido uma experiência absolutamente fantástica, que realmente abriu meus olhos. (Dá só uma olhada nas fotos a seguir.) Isso fez com que eu focasse nas técnicas culinárias exigidas para fazer as comidas mais deliciosas do planeta. Por isso, do fundo do meu coração, agradeço a todos que me aguentaram nessa incrível jornada vegetal.

À minha equipe culinária, liderada pela maravilhosa Ginny Rolfe (não se esqueça da regra dos cinco segundos) — continuamos firmes juntos depois de vinte anos! Vocês são todos cozinheiros talentosos, atenciosos e comprometidos, e tenho muita sorte de poder trabalhar com vocês e considerá-los meus amigos. À minha equipe interna: Christina Mackenzie, Maddie Rix, Jodene Jordan, Elspeth Allison, Sophie Mackinnon, Rachel Young, Hugo Harrison e Sharon Sharpe (que inspiraram a receita de arroz de abóbora da p. 116). A Athina Andrelos, Bianca Koffman e à elegante Helen Martin, muito obrigado por manter todo mundo sob controle. E à minha equipe freelancer, Abi Fawcett (cadê meus caranguejos? Não esquece que está me devendo!), Isla Murray e India Whiley-Morton.

Muito amor para meu irmão escocês Pete Begg (#haufnhauf) e para Bobby Sebire.

Um agradecimento intenso às meninas da nutrição, Rozzie Batchelar, Jenny Rosborough e Maria Parisi, por todo o trabalho, amor, cuidado e atenção em nome da total transparência da parte nutricional em todas as páginas deste livro. Vocês se superaram de novo.

À minha incrível equipe editorial, liderada pela encantadora Beth Stroud, e à Chloe Lay e ao resto do pessoal do texto — muito obrigado pelo trabalho duro e por toda a dedicação, como sempre.

E ao lendário gênio fotográfico David Loftus — foi um prazer e uma alegria fazer este livro com você. A simplicidade e a honestidade do trabalho final falam por si mesmas. Um muito obrigado a Richard Clatworthy pela iluminação e pelo tratamento, e a Paul Stuart, que fez um ótimo trabalho fotografando a capa e os retratos — obrigado por ser um cara incrível e muito divertido. E um agradecimento especial a Lima O'Donnell e Julie Akeroyd.

Na parte do design, muito obrigado a James Verity, da agência de criatividade Superfantastic — continua sendo uma alegria trabalhar com você, com seus conhecimentos e seu incrível talento. Chega até a ser irritante — não dá bola fora nem uma vez!

À minha adorável família na Penguin Random House. John Hamilton, fico muito triste de que não tenha visto este livro, mas sua amizade e seu comprometimento durante a criação dele foram muito importantes, até o último dia fotografando, que foi animado, produtivo e brilhante. Todos rimos muito. Obrigado por tudo. Sentiremos muitíssimo sua falta. É nos momentos difíceis que sabemos quem são nossos amigos. Muitos dos nomes abaixo estão comigo há anos, e sou muito grato pelo amor, pelo carinho e pela atenção que sempre dedicaram a mim e a meus livros. Todo o meu amor a Tom Weldon, Louise Moore, Elizabeth Smith, Clare Parker, Annabel Wilson, Jenny Platt, Juliette Butler, Katherine Tibbals, Nick Lowndes, Christina Ellicott, Rachel Myers, Katie Corcoran, Louise Blakemore, Chantal Noel, Anjali Nathani, Catherine Wood, Lucy Beresford-Knox, Lee-Anne Williams, Antony De Rienzo, Chris Wyatt, Tracy Orchard, Stuart Anderson, Joanna Whitehead e Anna Curvis. E às nossas freelancers de sempre, as maravilhosas Annie Lee, Sarah Day, Emma Horton e Caroline Wilding.

À minha incrível equipe de marketing e divulgação: Jeremy Scott, Laura Ball, Katie McNeilage, Michelle Dam, Saskia Wirth e Ellen Diamond. E a Subi Gnanaseharam e seu excelente time, que cuida das redes sociais. Todo o meu amor para o CEO Paul Hunt, sua vice Louise Holland, a chefe de conteúdo Zoe Collins, minha assistente pessoal, a brilhante Ali Solway, e a John Dewar, pelos anos de paciência. Também agradeço a todas as minhas outras equipes no QG: o pessoal técnico, de arte, de vídeo, RH, jurídico, operações, TI, financeiro, projeto e desenvolvimento e *facilities*. Vocês são os melhores.

Agradeço à minha equipe de TV — é muita sorte poder trabalhar com pessoas tão talentosas. Os furacões que são Samantha Beddoes e Katie Millard, e sua tropa incrivelmente talentosa: Dave Minchin, Shayma Alsayed, Maegan Tillock e Sunny Hussain. Obrigado a nosso glorioso diretor, Niall Downing, e à fantástica equipe: Olly Wiggins, Luke Cardiff, Jon Kassel, Mike Sarah, Freddie Claire, Calum Thomson, Rob Thomas, Jim McLean, Ben Banayo, Alice Sephton, Julia Bell e Serena Buselli. A Sean Moxhay (você merece uma medalha por conseguir reunir todos esses talentos criativos conosco) e Anna Selby, Emily Wood e Lucy Taylor, na produção. Também agradeço ao pessoal do Channel 4 e à maravilhosa equipe da FremantleMedia International.

Por último, mas não menos importante, todo o meu amor e agradecimento às pessoas mais próximas e mais queridas da minha vida, por me suportar. À minha querida esposa, Jools, que desfrutou do desenvolvimento das receitas deste livro. E a Poppy, Daisy, Petal, Buddy e River, que sempre receberam um prato de vegetais ou salada antes de qualquer outra coisa e hoje têm um ótimo relacionamento com a comida (muito embora pudessem me ajudar mais na hora de lavar a louça!). A meus incríveis pais, uma fonte de inspiração constante para mim — obrigado por tudo! E à minha querida irmã Anna-Marie, minha sogra, sra. Norton, e Leon — você é o melhor. E a Gennaro Contaldo — por que sua comida é tão boa?

É isso aí, pessoal. Até a próxima.

Jamie Trevor Oliver, membro da Ordem do Império Britânico

ÍNDICE REMISSIVO

A

abóbora
    arroz de abóbora, 116
    bolinhos cozidos no vapor com crosta crocante, 48
    hambúrguer de badjia, 186
    hasselback ao forno, 106
    pasta e fagioli apimentado, 204
abobrinha
    arroz mediterrâneo com legumes, 96
    farfalle com abobrinha, 144
    flor de abobrinha recheada com ervilha e ricota, 104
    fritada de verão, 196
    pizza de massa folhada, 94
    sanduíche super-recheado, 72
    scones de abobrinha e feta, 222
    torradas com macarrão, 134
    torta de verão vegetariana, 44
açafrão (em estigmas)
    arroz ao estilo persa, 122
    biryani com crosta de pão, 34
    torta de verão vegetariana, 44
agrião
    salada de agrião e maçã, 58, 196
    sopa de agrião e alho-poró, 86
aipo
    sopa de feijão-preto, 70
aipo-rábano
    assadeira florentina, 102
    empadão com porcini, 38
    ensopado escocês com bolinhos, 26
    pithivier salgado, 54
alcachofra
    torta espiral de massa fillo, 56
alcaparra, 279
    estrogonofe de cogumelos, 30
    salada crocante de funcho, melão e mozarela de búfala, 162

alface
    babaganuche poderosíssima, 254
    minha salada fatuche, 160
    pad thai vegetariano, 120
    queijo halloumi com mel, figos e pão pita, 214
    salada com milho, 158
    salada de alface e laranja sanguínea, 56
alho
    salada francesa com pão de alho, 164
    sanduíche de faláfel assado, 190
alho-poró
    carbonara com alho-poró, 132
    empadão com porcini, 38
    mac & cheese verde, 130
    pithivier salgado, 54
    sopa de agrião e alho-poró, 86
ameixa
    panquecas de trigo-sarraceno, 230
amêndoa
    curry de tomate, 24
    lasanha bagunçada de berinjela, 194
    mac & cheese verde, 130
    pesto de manjericão e amêndoa, 90, 146
    salada com molho de laranja, 156
    tagine vegetariano, 32
    waffles com banana caramelada, 234
amendoim
    macarrão de arroz ao estilo malaio, 124
    pad thai vegetariano, 120
    salada de bifum ao estilo tailandês, 172
    salada vibrante de bhel puri, 168
arroz
    arroz ao estilo persa, 122
    arroz de abóbora, 116
    arroz frito com ovo, 208
    arroz mediterrâneo com legumes, 96
    biryani com crosta de pão, 34
    chilli vegetariano, 16
    congee quentinho, 226
    couve-flor empanada crocante, 14
    flor de abobrinha recheada com ervilha e ricota, 104
    panqueca indiana, 42
    risoto de cogumelos, 118
    risoto de tomate assado, 112
    salada de couve-flor com cereja, 170
    salada vibrante de bhel puri, 168
    sopa tailandesa com tofu e cogumelos, 28

aspargos
    arroz frito com ovo, 208
    fritada de primavera, 202
    pad thai vegetariano, 120
    salada de bifum ao estilo tailandês, 172
    sopa e quiche de aspargos, 50

assadeiras
    arroz mediterrâneo com legumes, 96
    assadeira florentina, 102
    batatas e cogumelos ao forno, 98
    flor de abobrinha recheada com ervilha e ricota, 104
    hasselback ao forno, 106
    legumes assados deliciosos, 100
    pimentão recheado, 108
    pizza de massa folhada, 94

aveia
    creme de banana com compota de mirtilo, 232

avelã
    panquecas de trigo-sarraceno, 230
    penne com cogumelos, 148

avocado
    batata rosti com avocado e jalapeño, 224
    bolinhos de milho e jalapeño, 180
    hambúrguer de feijão-preto, 182
    panquecas de espinafre, 216
    polenta crocante com vegetais, 220
    sopa de feijão-preto, 70
    tigelas de brunch ao estilo australiano, 212

azeite trufado
    batatas e cogumelos ao forno, 98

azeitona, 279
    arroz mediterrâneo com legumes, 96
    ensopado de couve-flor de inspiração grega, 200
    flor de abobrinha recheada com ervilha e ricota, 104
    legumes assados deliciosos, 100
    salada de macarrão, 140
    sanduíche super-recheado, 72
    torta espiral de massa fillo, 56

B

babaganuche poderosíssima, 254
baguete com omelete, 88
banana
    bolinhos de milho e jalapeño, 180
    creme de banana com compota de mirtilo, 232
    waffles com banana caramelada, 234

batata
    arroz ao estilo persa, 122
    assadeira florentina, 102
    batata rosti com avocado e jalapeño, 224
    batatas e cogumelos ao forno, 98
    empadão com porcini, 38
    ensopado de couve-flor de inspiração grega, 200
    fritada de verão, 196
    hasselback ao forno, 106
    mussacá vegetariano, 52
    nhoque de abóbora, 150
    panqueca indiana, 42
    pastel assado de vegetais, 58
    pimentão recheado, 108
    salada de batata assada e picles, 154
    sanduíche de batata ao estilo indiano, 178
    shakshuka do meu jeito, 206
    sopa aveludada de funcho, 74
    sopa de agrião e alho-poró, 86
    sopa e quiche de aspargos, 50
    tagliatelle de verão, 146
    torta de verão vegetariana, 44

batata-doce
    chilli vegetariano, 16
    pimentão recheado, 108
    sanduíche de batata ao estilo indiano, 178
    tacos de batata-doce, 244

berinjela
    babaganuche poderosíssima, 254
    berinjela ao curry recheada, 20
    lasanha bagunçada de berinjela, 194
    mussacá vegetariano, 52
    panquecas ao estilo iemenita, 60
    tagine vegetariano, 32

beterraba
    hasselback ao forno, 106
    picles de beterraba, 260

bolinhos
    bolinhos cozidos no vapor com crosta crocante, 48
    bolinhos de milho e jalapeño, 180
    hambúrguer de badjia, 186

bolovo com curry, 188

brócolis
    bolinhos cozidos no vapor com crosta crocante, 48
    mac & cheese verde, 130
    pad thai vegetariano, 120
    tagliatelle de verão, 146

C

caldo
    lámen rápido com cogumelos, 126
    sopa tailandesa com tofu e cogumelos, 28

capim-limão
    macarrão de arroz ao estilo malaio, 124
    sopa aromática com bifum, 76
    sopa tailandesa com tofu e cogumelos, 28

carbonara com alho-poró, 132

castanha-de-caju
    tikka masala de couve-flor, 18

cebola
    assadeira florentina, 102
    fritada agridoce, 114
    legumes assados deliciosos, 100
    panqueca indiana, 42
    pastel assado de vegetais, 58
    pizza de massa folhada, 94
    sanduíche super-recheado, 72
    sopa de cebola com sidra, 80
    torradas com macarrão, 134
    torta de cebola caramelizada, 40
    ver também cebola em conserva; cebolinha

cebola em conserva
    ensopado escocês com bolinhos, 26
    estrogonofe de cogumelos, 30
    torradas aceboladas, 250

cebolinha
    nachos caseiros, 248
    picles de cebolinha e pimenta, 260

cenoura
    assadeira florentina, 102
    empadão com porcini, 38
    enroladinho de cenoura marroquino, 264
    ensopado escocês com bolinhos, 26
    fritada agridoce, 114
    fritada de verão, 196
    hasselback ao forno, 106
    legumes assados deliciosos, 100
    panquecas apimentadas de cenoura, 184
    picles de cenoura e gengibre, 126
    rolinho vietnamita crocante, 258
    salada de bifum ao estilo tailandês, 172

cereja
    salada de couve-flor com cereja, 170

cevada integral
    ensopado escocês com bolinhos, 26

cheddar inglês
    baguete com omelete, 88
    croûtons gigantes com queijo, 80
    feijão assado, 198
    flor de abobrinha recheada com ervilha e ricota, 104
    lasanha bagunçada de berinjela, 194
    mac & cheese verde, 130
    pizza de couve-flor com queijo, 46
    salada com milho, 158
    sanduíche de kimchi, 240
    sopa e quiche de aspargos, 50
    torradas aceboladas, 250
    torradas com macarrão, 134

chilli vegetariano, 16

chutney de manga
    bolovo com curry, 188
    hambúrguer de badjia, 186
    sanduíche de batata ao estilo indiano, 178

chutneys, 278, 281
    ver também chutney de manga

coco
    panqueca indiana, 42

cogumelos, 279
    batatas e cogumelos ao forno, 98
    congee quentinho, 226
    empadão com porcini, 38
    espaguete com almôndegas de porcini, 138
    estrogonofe de cogumelos, 30
    hambúrguer de feijão-preto, 182
    lámen rápido com cogumelos, 126
    lasanha vegana, 136
    legumes assados deliciosos, 100
    mussacá vegetariano, 52
    pastel assado de vegetais, 58
    penne com cogumelos, 148
    pithivier salgado, 54
    polenta crocante com vegetais, 220
    risoto de cogumelos, 118
    sanduíche de cogumelos, 78
    shawarma crocante de cogumelos, 68
    sopa aromática com bifum, 76
    sopa tailandesa com tofu e cogumelos, 28

congee quentinho, 226

couve-flor
    biryani com crosta de pão, 34

couve-flor empanada crocante, 14
ensopado de couve-flor de inspiração grega, 200
pizza de couve-flor com queijo, 46
salada de couve-flor com cereja, 170
sanduíche super-recheado, 72
tikka masala de couve-flor, 18

cream cheese
molho picante de cream cheese, 256
nachos caseiros, 248

creme de banana com compota de mirtilo, 232
crudités sensacionais, 260

curry
berinjela ao curry recheada, 20
biryani com crosta de pão, 34
couve-flor empanada crocante, 14
curry de ovos, 218
curry de tomate, 24
sopa tailandesa com tofu e cogumelos, 28
tikka masala de couve-flor, 18

cuscuz marroquino
tagine vegetariano, 32

D

damasco
tagine vegetariano, 32
tigelas de brunch ao estilo australiano, 212
tostex de queijo ao estilo grego, 84

dukkah
queijo halloumi com mel, figos e pão pita, 214
shawarma crocante de cogumelos, 68

E

empadão com porcini, 38
enroladinho de cenoura marroquino, 264

ensopados
chilli vegetariano, 16
ensopado de couve-flor de inspiração grega, 200
ensopado escocês com bolinhos, 26
estrogonofe de cogumelos, 30
gumbo caseiro, 22
sopa tailandesa com tofu e cogumelos, 28
tagine vegetariano, 32

erva-doce
farfalle com abobrinha, 144

ervilha
arroz frito com ovo, 208
ensopado de couve-flor de inspiração grega, 200
flor de abobrinha recheada com ervilha e ricota, 104
fritada agridoce, 114
fritada de primavera, 202
fritada de verão, 196
gaspacho de panzanella, 82
gumbo caseiro, 22
macarrão de arroz ao estilo malaio, 124
samosa de ervilha e espinafre, 62
sanduíche apimentado rápido, 228
sanduíche de faláfel assado, 190
tagliatelle de verão, 146

ervilha-torta
macarrão de arroz ao estilo malaio, 124

espinafre
arroz frito com ovo, 208
espaguete com almôndegas de porcini, 138
hasselback ao forno, 106
mac & cheese verde, 130
panquecas de espinafre, 216
salada de espinafre com sumo de limão-siciliano, 102
samosa de ervilha e espinafre, 62
sopa aveludada de funcho, 74
tigelas de brunch ao estilo australiano, 212
torta espiral de massa fillo, 56

estrogonofe de cogumelos, 30

F

farfalle com abobrinha, 144

fatuche
minha salada fatuche, 160

fava
fritada de verão, 196
gaspacho de panzanella, 82
tagliatelle de verão, 146
tigelas de brunch ao estilo australiano, 212

feijão-branco
chilli vegetariano, 16
feijão assado, 198
legumes assados deliciosos, 100

feijão-manteiga
arroz de abóbora, 116
feijão assado, 198

feijão-preto
    hambúrguer de feijão-preto, 182
    homus básico, 242
    sopa de feijão-preto, 70
    tacos de feijão-preto, 262
figo
    queijo halloumi com mel, figos e pão pita, 214
flocos de arroz
    salada vibrante de bhel puri, 168
fritada
    fritada de primavera, 202
    fritada agridoce, 114
    fritada de verão, 196
funcho
    minha salada fatuche, 160
    risoto de tomate assado, 112
    salada crocante de funcho, melão e mozarela de búfala, 162
    sopa aveludada de funcho, 74
fusilli com molho de pimentão amarelo, 142

G

gaspacho
    gaspacho de panzanella, 82
gengibre
    molho de tomate e gengibre, 42
    picles de cenoura e gengibre, 126
granola
    creme de banana com compota de mirtilo, 232
grão-de-bico, 292
    biryani com crosta de pão, 34
    gumbo caseiro, 22
    homus básico, 242
    samosa de ervilha e espinafre, 62
    sanduíche de faláfel assado, 190
    tagine vegetariano, 32
gumbo caseiro, 22

H

hambúrgueres
    hambúrguer de badjia, 186
    hambúrguer de feijão-preto, 182
    sanduíche de batata ao estilo indiano, 178
harissa, 278
    babaganuche poderosíssima, 254
    enroladinho de cenoura marroquino, 264

    homus básico, 242
    iogurte com tahine e harissa, 264
    panquecas apimentadas de cenoura, 184
    shakshuka do meu jeito, 206
hasselback ao forno, 106
homus básico, 242
hortelã
    molho de jalapeño com hortelã, 68
    rolinho vietnamita crocante, 258
    salada crocante de funcho, melão e mozarela de búfala, 162
    salada de batata assada e picles, 154
    salada de bifum ao estilo tailandês, 172
    salada de vagem all'arrabbiata, 166
    sanduíche de batata ao estilo indiano, 178

I

iogurte
    molhinho de tahine com iogurte, 260
    shawarma crocante de cogumelos, 68
    iogurte com tahine e harissa, 264

J

jalapeño
    batata rosti com avocado e jalapeño, 224
    bolinhos de milho e jalapeño, 180
    gumbo caseiro, 22
    molho de jalapeño com hortelã, 68
    polenta crocante com vegetais, 220

K

kimchi
    sanduíche de kimchi, 240

L

lámen rápido com cogumelos, 126
laranja, 280, 291
    enroladinho de cenoura marroquino, 264
    panquecas de trigo-sarraceno, 230
    salada com molho de laranja, 156
    salada de alface e laranja sanguínea, 56
lasanha
    lasanha bagunçada de berinjela, 194
    lasanha vegana, 136

legumes assados deliciosos, 100
leguminosas, 292
    arroz de abóbora, 116
    biryani com crosta de pão, 34
    chilli vegetariano, 16
    feijão assado, 198
    fritada de verão, 196
    gaspacho de panzanella, 82
    hambúrguer de feijão-preto, 182
    homus básico, 242
    legumes assados deliciosos, 100
    pasta e fagioli apimentado, 204
    salada de vagem all'arrabbiata, 166
    sopa de feijão-preto, 70
    tacos de feijão-preto, 262
    tagliatelle de verão, 146
    tigelas de brunch ao estilo australiano, 212
leite de coco
    arroz de abóbora, 116
leite de coco light
    curry de ovos, 218
    curry de tomate, 24
    macarrão de arroz ao estilo malaio, 124
    sopa tailandesa com tofu e cogumelos, 28
lentilha, 292
    empadão com porcini, 38
    hasselback ao forno, 106
    lasanha vegana, 136
    panqueca indiana, 42
    sopa de pastinaca, 66
limão-siciliano, 280
    ensopado de couve-flor de inspiração grega, 200
    flor de abobrinha recheada com ervilha e ricota, 104
    lasanha bagunçada de berinjela, 194
    panquecas ao estilo iemenita, 60
    salada de batata assada e picles, 154
    salada de espinafre com sumo de limão-siciliano, 102
    tagine vegetariano, 32
limão-siciliano em conserva
    salada de couve-flor com cereja, 170
    tagine vegetariano, 32
    torta de verão vegetariana, 44

M

mac & cheese verde, 130
maçã
    molhinho de maçã e pimenta, 244
    rolinho vietnamita crocante, 258
    salada de agrião e maçã, 196
    salada de repolho e maçã, 26
macarrão
    carbonara com alho-poró, 132
    espaguete com almôndegas de porcini, 138
    farfalle com abobrinha, 144
    fusilli com molho de pimentão amarelo, 142
    lasanha bagunçada de berinjela, 194
    lasanha vegana, 136
    mac & cheese verde, 130
    macarrão de arroz ao estilo malaio, 124
    nhoque de abóbora, 150
    pasta e fagioli apimentado, 204
    penne com cogumelos, 148
    salada de macarrão, 140
    tagliatelle de verão, 146
    torradas com macarrão, 134
macarrão oriental
    fritada agridoce, 114
    lámen rápido com cogumelos, 126
    macarrão de arroz ao estilo malaio, 124
    pad thai vegetariano, 120
    rolinho vietnamita crocante, 258
    salada de bifum ao estilo tailandês, 172
    sopa aromática com bifum, 76
manga
    hambúrguer de feijão-preto, 182
    samosa de ervilha e espinafre, 62
manjericão
    pesto de manjericão e amêndoa, 90, 146
    torradas com macarrão, 134
manteiga de amendoim
    berinjela ao curry recheada, 20
    molho de amendoim, 258
massa fillo
    enroladinho de cenoura marroquino, 264
    torta de verão vegetariana, 44
    torta espiral de massa fillo, 56
massa folhada
    pithivier salgado, 54
    pizza de massa folhada, 94
    torta de cebola caramelizada, 40
mel
    creme de banana com compota de mirtilo, 232
    queijo halloumi com mel, figos e pão pita, 214
    salada quente de uva e radicchio, 174

melão
    salada crocante de funcho, melão e mozarela de búfala, 162
milho
    bolinhos de milho e jalapeño, 180
    macarrão de arroz ao estilo malaio, 124
    pad thai vegetariano, 120
    salada com milho, 158
    sopa aromática com bifum, 76
minha salada fatuche, 160
minimilho *ver* milho
mirtilo
    creme de banana com compota de mirtilo, 232
missô, 278
    bolinhos cozidos no vapor com crosta crocante, 48
    lámen rápido com cogumelos, 126
    sopa de cebola com sidra, 80
molhinhos, 280
    chilli vegetariano, 16
    hambúrguer de feijão-preto, 182
    iogurte com tahine e harissa, 264
    molhinho de maçã e pimenta, 244
    molhinho de tomate, 228
    molhinho de tomate e pimenta dedo-de-moça verde, 88
    molho de amendoim, 258
    molho de jalapeño com hortelã, 68
    molho de tomate e gengibre, 42
    molho picante de cream cheese, 256
    nachos caseiros, 248
    panquecas ao estilo iemenita, 60
    tahine com iogurte, 260
molho de pimenta, 281
    chilli vegetariano, 16
molho Tabasco chipotle
    hambúrguer de feijão-preto, 182
    salada com milho, 158
    tacos de feijão-preto, 262
molhos
    molho arrabbiata, 166
    molho asiático, 208
    molho de balsâmico, 162
    molho de jalapeño, 220
    molho de laranja, 156
    molho de mostarda, 164
    molho de queijo cremoso, 158
    molho francês, 196
    molho neon, 140

mozarela de búfala
    arroz mediterrâneo com legumes, 96
    pizza de massa folhada, 94
    salada crocante de funcho, melão e mozarela de búfala, 162
    salada de macarrão, 140
    salada de vagem all'arrabbiata, 166
    sanduíche de pizza branca da Sardenha, 90
    sanduíche super-recheado, 72
mussacá vegetariano, 52

N

naan
    bolovo com curry, 188
nachos
    torradas aceboladas, 250
nhoque de abóbora, 150
nozes
    pesto aromático de salsinha com nozes, 150
    salada com molho de laranja, 156
    sanduíche de cogumelos, 78

O

orégano
    legumes assados deliciosos, 100
    pizza de massa folhada, 94
ovos, 283
    arroz frito com ovo, 208
    assadeira florentina, 102
    baguete com omelete, 88
    batata rosti com avocado e jalapeño, 224
    batatas e cogumelos ao forno, 98
    bolinhos de milho e jalapeño, 180
    bolovo com curry, 188
    carbonara com alho-poró, 132
    congee quentinho, 226
    croûtons gigantes com queijo, 80
    curry de ovos, 218
    fritada de primavera, 202
    fritada de verão, 196
    mussacá vegetariano, 52
    pad thai vegetariano, 120
    panquecas ao estilo iemenita, 60
    panquecas apimentadas de cenoura, 184
    panquecas de espinafre, 216

panquecas de trigo-sarraceno, 230
polenta crocante com vegetais, 220
queijo halloumi com mel, figos e pão pita, 214
sanduíche apimentado rápido, 228
scones de abobrinha e feta, 222
shakshuka do meu jeito, 206
sopa e quiche de aspargos, 50
tigelas de brunch ao estilo australiano, 212
waffles com banana caramelada, 234

P

pad thai vegetariano, 120
pãezinhos rápidos, 256
pak-choi
    fritada agridoce, 114
    lámen rápido com cogumelos, 126
    pad thai vegetariano, 120
    salada de bifum ao estilo tailandês, 172
panquecas
    panqueca indiana, 42
    panquecas ao estilo iemenita, 60
    panquecas apimentadas de cenoura, 184
    panquecas de espinafre, 216
    panquecas de trigo-sarraceno, 230
    ver também bolinhos; waffle
pão
    biryani com crosta de pão, 34
    feijão assado, 198
    gaspacho de panzanella, 82
    minha salada fatuche, 160
    pãezinhos rápidos, 256
    salada francesa com pão de alho, 164
    torradas aceboladas, 250
    ver também pão pita; pizza; sanduíches; torradas
pão pita
    curry de ovos, 218
    minha salada fatuche, 160
    queijo halloumi com mel, figos e pão pita, 214
    sanduíche apimentado rápido, 228
    sanduíche de faláfel assado, 190
    shawarma crocante de cogumelos, 68
papari
    hambúrguer de badjia, 186
    salada vibrante de bhel puri, 168
    sopa de pastinaca, 66

parmesão, 268
    batata rosti com avocado e jalapeño, 224
    batatas e cogumelos ao forno, 98
    carbonara com alho-poró, 132
    croûtons de parmesão, 74
    espaguete com almôndegas de porcini, 138
    farfalle com abobrinha, 144
    fritada de primavera, 202
    fusilli com molho de pimentão amarelo, 142
    lasanha bagunçada de berinjela, 194
    mac & cheese verde, 130
    nhoque de abóbora, 150
    palitos de polenta, 246
    penne com cogumelos, 148
    polenta crocante com vegetais, 220
    risoto de cogumelos, 118
    risoto de tomate assado, 112
    sanduíche de pizza branca da Sardenha, 90
    tagliatelle de verão, 146
pasta e fagioli apimentado, 204
pastas de curry, 278
pasteizinhos
    bolinhos cozidos no vapor com crosta crocante, 48
    ensopado escocês com bolinhos, 26
pastel assado de vegetais, 58
pastinaca
    hasselback ao forno, 106
    sopa de pastinaca, 66
penne com cogumelos, 148
pepino
    bolinhos de milho e jalapeño, 180
    gaspacho de panzanella, 82
    minha salada fatuche, 160
    panquecas apimentadas de cenoura, 184
    pepino amassado com shoyu, 238
    queijo halloumi com mel, figos e pão pita, 214
    salada de batata assada e picles, 154
    salada vibrante de bhel puri, 168
    sanduíche de faláfel assado, 190
    shawarma crocante de cogumelos, 68
    tigelas de brunch ao estilo australiano, 212
    tostex de queijo ao estilo grego, 84
    ver também picles de pepino
pêssego
    fritada agridoce, 114
pesto
    arroz mediterrâneo com legumes, 96

pesto aromático de salsinha com nozes, 150
pesto de manjericão e amêndoa, 90, 146
picles, 278, 281
 picles de beterraba, 260
 picles de cebolinha e pimenta, 260
 picles de cenoura e gengibre, 126
 picles de jalapeño, 22
 picles de pimenta e limão, 14
 picles simples, 252
 salada de batata assada e picles, 154
 shawarma crocante de cogumelos, 68
picles de pepino
 estrogonofe de cogumelos, 30
pimenta, 281
 arroz de abóbora, 116
 arroz frito com ovo, 208
 batata rosti com avocado e jalapeño, 224
 bolinhos cozidos no vapor com crosta crocante, 48
 bolinhos de milho e jalapeño, 180
 congee quentinho, 226
 couve-flor empanada crocante, 14
 curry de ovos, 218
 farfalle com abobrinha, 144
 feijão assado, 198
 fritada de verão, 196
 gumbo caseiro, 22
 molhinho de maçã e pimenta, 244
 molhinho de tomate e pimenta dedo-de-moça verde, 88
 molho de jalapeño com hortelã, 68
 molho picante de cream cheese, 256
 nachos caseiros, 248
 panquecas de espinafre, 216
 pasta e fagioli apimentado, 204
 pepino amassado com shoyu, 238
 picles de cebolinha e pimenta, 260
 polenta crocante com vegetais, 220
 rolinho vietnamita crocante, 258
 salada de funcho, melão e mozarela de búfala, 162
 scones de abobrinha e feta, 222
 sopa aromática com bifum, 76
 sopa de feijão-preto, 70
 tigelas de brunch ao estilo australiano, 212
pimenta-de-sichuan
 pepino amassado com shoyu, 238
pimentão
 chilli vegetariano, 16
 feijão assado, 198

fritada agridoce, 114
fusilli com molho de pimentão amarelo, 142
gaspacho de panzanella, 82
legumes assados deliciosos, 100
minha salada fatuche, 160
molho picante de cream cheese, 256
panqueca indiana, 42
pimentão recheado, 108
pizza de massa folhada, 94
sanduíche super-recheado, 72
shakshuka do meu jeito, 206
torradas com macarrão, 134
torta espiral de massa fillo, 56
pipoca
 salada com milho, 158
pistache
 arroz ao estilo persa, 122
 fusilli com molho de pimentão amarelo, 142
 panquecas apimentadas de cenoura, 184
 pimentão recheado, 108
 salada com molho de laranja, 156
pithivier salgado, 54
pizza
 pizza de couve-flor com queijo, 46
 pizza de massa folhada, 94
 pizza branca, 90
polenta
 palitos de polenta, 246
 polenta crocante com vegetais, 220
porcini
 empadão com porcini, 38
 espaguete com almôndegas de porcini, 138
 lámen rápido com cogumelos, 126
 legumes assados deliciosos, 100
 mussacá vegetariano, 52
 sopa aromática com bifum, 76

Q

queijo, 268-9, 289
queijo cottage
 batatas e cogumelos ao forno, 98
 tacos de feijão-preto, 262
queijo feta
 babaganuche poderosíssima, 254
 bolinhos de milho e jalapeño, 180
 legumes assados deliciosos, 100
 mussacá vegetariano, 52

pimentão recheado, 108
salada de batata assada e picles, 154
sanduíche apimentado rápido, 228
scones de abobrinha e feta, 222
sopa de feijão-preto, 70
torta espiral de massa fillo, 56
tostex de queijo ao estilo grego, 84

queijo gorgonzola
    pithivier salgado, 54
    salada com milho, 158
    sanduíche de cogumelos, 78

queijo halloumi
    queijo halloumi com mel, figos e pão pita, 214
    tostex de queijo ao estilo grego, 84

queijo mascarpone
    risoto de cogumelos, 118

queijo paneer
    hambúrguer de badjia, 186
    pimentão recheado, 108
    samosa de ervilha e espinafre, 62
    tikka masala de couve-flor, 18

quiabo
    arroz de abóbora, 116
    gumbo caseiro, 22

quiche
    sopa e quiche de aspargos, 50

R

rabanete
    panquecas apimentadas de cenoura, 184
    rolinho vietnamita crocante, 258
    salada de batata assada e picles, 154
    salada de bifum ao estilo tailandês, 172
    salada vibrante de bhel puri, 168
    tigelas de brunch ao estilo australiano, 212

radicchio
    babaganuche poderosíssima, 254
    salada com molho de laranja, 156
    salada de bifum ao estilo tailandês, 172
    salada quente de uva e radicchio, 174

raiz-forte
    sopa de agrião e alho-poró, 86

repolho
    arroz de abóbora, 116
    fritada de verão, 196
    salada de bifum ao estilo tailandês, 172
    salada de repolho e maçã, 26

ricota
    flor de abobrinha recheada com ervilha e ricota, 104
    fritada de primavera, 202
    sopa e quiche de aspargos, 50

risoto
    risoto de cogumelos, 118
    risoto de tomate assado, 112

rolinho vietnamita crocante, 258

romã
    arroz ao estilo persa, 122
    babaganuche poderosíssima, 254
    minha salada fatuche, 160
    salada vibrante de bhel puri, 168
    sanduíche de batata ao estilo indiano, 178
    sanduíche de faláfel assado, 190
    waffles com banana caramelada, 234

ruibarbo
    panquecas de trigo-sarraceno, 230

rutabaga
    empadão com porcini, 38
    ensopado escocês com bolinhos, 26
    pastel assado de vegetais, 58

S

saladas
    minha salada fatuche, 160
    salada com milho, 158
    salada com molho de laranja, 156
    salada crocante de funcho, melão e mozarela de búfala, 162
    salada de agrião e maçã, 196
    salada de alface e laranja sanguínea, 56
    salada de batata assada e picles, 154
    salada de bifum ao estilo tailandês, 172
    salada de couve-flor com cereja, 170
    salada de espinafre com sumo de limão-siciliano, 102
    salada de macarrão, 140
    salada de tomate com feta, 180
    salada de vagem all'arrabbiata, 166
    salada francesa com pão de alho, 164
    salada quente de uva e radicchio, 174
    salada vibrante de bhel puri, 168

samosa de ervilha e espinafre, 62

sanduíches
    baguete com omelete, 88
    sanduíche apimentado rápido, 228
    sanduíche de batata ao estilo indiano, 178
    sanduíche de cogumelos, 78

sanduíche de faláfel assado, 190
sanduíche de kimchi, 240
sanduíche de pizza branca da Sardenha, 90
sanduíche super-recheado, 72
shawarma crocante de cogumelos, 68
tostex de queijo ao estilo grego, 84

shakshuka do meu jeito, 206
shawarma crocante de cogumelos, 68
shimeji preto
batatas e cogumelos ao forno, 98
shawarma crocante de cogumelos, 68

shitake
congee quentinho, 226
shawarma crocante de cogumelos, 68

shoyu, 278
congee quentinho, 226
pepino amassado com shoyu, 238

sopas
gaspacho de panzanella, 82
sopa aromática com bifum, 76
sopa aveludada de funcho, 74
sopa de agrião e alho-poró, 86
sopa de cebola com sidra, 80
sopa de feijão-preto, 70
sopa de pastinaca, 66
sopa e quiche de aspargos, 50
sopa tailandesa com tofu e cogumelos, 28
ver também caldo

T

tacos
tacos de batata-doce, 244
tacos de feijão-preto, 262

tagine
tagine vegetariano, 32

tagliatelle de verão, 146
tahine, 279
babaganuche poderosíssima, 254
homus básico, 242
iogurte com tahine e harissa, 264
molhinho de tahine com iogurte, 260
panquecas ao estilo iemenita, 60
queijo halloumi com mel, figos e pão pita, 214
sanduíche de faláfel assado, 190
shawarma crocante de cogumelos, 68

tamarindo
berinjela ao curry recheada, 20

pad thai vegetariano, 120
salada vibrante de bhel puri, 168

tigelas de brunch ao estilo australiano, 212
tikka masala de couve-flor, 18
tofu
macarrão de arroz ao estilo malaio, 124
pad thai vegetariano, 120
sopa tailandesa com tofu e cogumelos, 28

tomate
arroz mediterrâneo com legumes, 96
batata rosti com avocado e jalapeño, 224
chilli vegetariano, 16
curry de ovos, 218
curry de tomate, 24
ensopado de couve-flor de inspiração grega, 200
feijão assado, 198
fritada de primavera, 202
gaspacho de panzanella, 82
hambúrguer de feijão-preto, 182
lasanha bagunçada de berinjela, 194
lasanha vegana, 136
legumes assados deliciosos, 100
minha salada fatuche, 160
molhinho de tomate, 228
molhinho de tomate e pimenta dedo-de-moça verde, 88
molho de tomate e gengibre, 42
mussacá vegetariano, 52
nachos caseiros, 248
panquecas ao estilo iemenita, 60
pasta e fagioli apimentado, 204
penne com cogumelos, 148
pizza de massa folhada, 94
polenta crocante com vegetais, 220
risoto de tomate assado, 112
salada de vagem all'arrabbiata, 166
sanduíche de pizza branca da Sardenha, 90
torradas com macarrão, 134
ver também tomate seco

tomate seco, 278
espaguete com almôndegas de porcini, 138

torrada
sanduíche de kimchi, 240
torradas aceboladas, 250
torradas com macarrão, 134
tostex de queijo ao estilo grego, 84

tortas
empadão com porcini, 38
pithivier salgado, 54
pizza de couve-flor com queijo, 46

torta de cebola caramelizada, 40
torta de verão vegetariana, 44
ver também pastel assado; quiche
tortillas
nachos caseiros, 248
sanduíche apimentado rápido, 228
tacos de feijão-preto, 262
tostex de queijo ao estilo grego, 84

U

uva
salada quente de uva e radicchio, 174

V

vagem
biryani com crosta de pão, 34
salada de vagem all'arrabbiata, 166
tagliatelle de verão, 146
vinagres, 274
vinho rosé
farfalle com abobrinha, 144

W

waffles com banana caramelada, 234

> Para uma lista de referência rápida
> com todas as receitas veganas, sem
> laticínios e sem glúten deste livro, acesse:
> **jamieoliver.com/veg/reference**
> (em inglês).

LIVROS DE JAIME OLIVER

1 O chefe sem mistérios *2005*

2 O retorno do chef sem mistérios *2006*

3 Jamie em casa *2008*

4 Revolução na cozinha *2009*

5 A América de Jamie Oliver *2010*

6 Jamie viaja *2011*

7 30 minutos e pronto *2012*

8 15 minutos e pronto *2013*

9 Economize com Jamie *2014*

10 Comida caseira *2015*

11 Comida saudável *2016*

12 5 ingredientes *2017*

Copyright © 2019 by Jamie Oliver
Copyright das imagens das receitas © 2019 by Jamie Oliver Enterprises Limited
Copyright da ilustração da p. 3 © 2019 by Jon Gray
© 2007 P22 Underground Pro Demi, todos os direitos reservados P22 type foundry, Inc.

Edição original em inglês publicada por Penguin Books Ltd, London, WC2R ORL, UK

Companhia de Mesa é um selo da Editora Schwarcz S.A.

Grafia atualizada segundo o Acordo Ortográfico da Língua Portuguesa de 1990, que entrou em vigor no Brasil em 2009.

TÍTULO ORIGINAL Veg

FOTO DE CAPA E FOTOS DE ESTÚDIO © Paul Stuart, 2019

FOTOS DAS RECEITAS David Loftus

FOTOS DE VIAGENS (pp. 296-7) Freddie Claire

PROJETO GRÁFICO Superfantastic

PREPARAÇÃO Julia Passos

ÍNDICE REMISSIVO Probo Poletti

REVISÃO Isabel Cury e Clara Diament

Dados Internacionais de Catalogação na Publicação (CIP)
(Câmara Brasileira do Livro, SP, Brasil)

Oliver, Jamie
　Veg / Jamie Oliver ; tradução Lígia Azevedo — 1ª ed. — São Paulo : Companhia de Mesa, 2021.

　Título original: Veg
　ISBN 978-65-86384-11-6

　1. Alimentação – Qualidade 2. Alimentos naturais 3. Alimentos vegetarianos 4. Hábitos alimentares 5. Hábitos saudáveis 6. Receitas culinárias 7. Vegetarianismo I. Azevedo, Lígia. II. Título.

21-79313　　　　　　　　　　　　　　　　　CDD-641.5636

Índice para catálogo sistemático:
1. Receitas vegetarianas : Culinária　　641.5636

Eliete Marques da Silva – Bibliotecária – CRB-8/9380

Esta obra foi composta por Mari Taboada em Gill Sans MT Pro e impressa em ofsete pela Geográfica sobre papel Couché Design Matte da Suzano S.A. para a Editora Schwarcz em novembro de 2021

[2021]
Todos os direitos desta edição reservados à
EDITORA SCHWARCZ S.A.
Rua Bandeira Paulista, 702, cj. 32
04532-002 — São Paulo — SP
Telefone: (11) 3707-3500
www.companhiadasletras.com.br
instagram.com/companhiademesa

A marca FSC® é a garantia de que a madeira utilizada na fabricação do papel deste livro provém de florestas que foram gerenciadas de maneira ambientalmente correta, socialmente justa e economicamente viável, além de outras fontes de origem controlada.

QUER MAIS?

Para conselhos nutricionais, vídeos, dicas e truques sobre culinária, receitas incríveis e muito mais, confira

JAMIEOLIVER.COM **#JAMIESVEG**